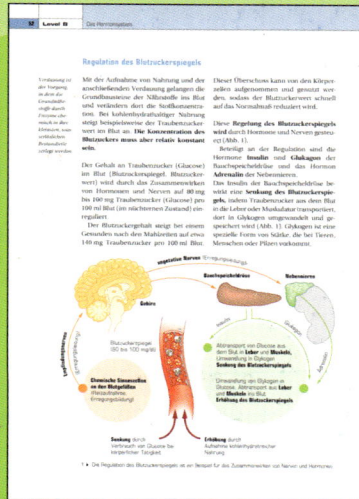

Inhaltsseiten

Diese Seiten vermitteln dir
– unterstützt durch **Merksätze**, Tabellen und Übersichten –
biologisches Grundlagenwissen über wichtige Begriffe, Gesetze, Erscheinungen und Zusammenhänge.

Erschließungsfeld

Diese Seiten helfen dir, allgemein gültige Zusammenhänge (z. B. Struktur und Funktion) in der Biologie zu erkennen und sie – unterstützt durch Aufgaben – auf neue Erscheinungen anzuwenden.

Beobachtungen/Experimente

Diese Seiten regen dich zum selbstständigen Beobachten, Experimentieren, Probieren sowie Überprüfen von Aussagen und eigener Ideen an.

Projekte und fächerverbindendes Thema

Diese Seiten sollen dich zum selbstständigen Bearbeiten ausgewählter Themen anregen, die eine Verbindung zwischen verschiedenen Fächern herstellen.

Level ▶▶ Biologie

Lehrbuch für die Klasse 8
Gymnasium Sachsen

Herausgeber:
Dr. Axel Goldberg
Dr. Edeltraud Kemnitz

DUDEN PAETEC Schulbuchverlag

Berlin · Frankfurt a. M.

Herausgeber
Dr. Axel Goldberg
Dr. Edeltraud Kemnitz

Autoren
Ralf Ballmann
Prof. Dr. Annelore Bilsing
Dr. Axel Goldberg

Dr. Edeltraud Kemnitz
Prof. Dr. sc. Manfred Kurze
Dr. habil. Christa Pews-Hocke

Berater
Ralf Ballmann, Werdau

Dieses Werk enthält Vorschläge und Anleitungen für **Untersuchungen** und **Experimente**.
Vor jedem Experiment sind mögliche Gefahrenquellen zu besprechen. Die Gefahrstoffe sind durch die entsprechenden Symbole gekennzeichnet. Experimente werden nur nach Anweisung des Lehrers durchgeführt. Solche mit Gefahrstoffen dürfen nur unter Aufsicht durchgeführt werden. Beim Experimentieren sind die Richtlinien zur Sicherheit im naturwissenschaftlichen Unterricht einzuhalten.

Das Werk und eine Teile sind urheberrechtlich geschützt. Jede Nutzung in anderen als den gesetzlich zugelassenen Fällen bedarf der vorherigen schriftlichen Einwilligung des Verlags.
Hinweis zu § 52 a UrhG: Weder das Werk noch seine Teile dürfen ohne eine solche Einwilligung eingescannt und in ein Netzwerk eingestellt werden. Dies gilt auch für Intranets von Schulen und sonstigen Bildungseinrichtungen.
Das Wort **Duden** ist für den Verlag Bibliographisches Institut & F. A. Brockhaus AG als Marke geschützt.

Die genannten Internetangebote wurden von der Redaktion sorgfältig zusammengestellt und geprüft. Für die Inhalte der Internetangebote Dritter, deren Verknüpfung zu anderen Internetangeboten und Änderungen der unter der jeweiligen Internetadresse angebotenen Inhalte übernimmt der Verlag keinerlei Haftung.

1. Auflage*
1 5 4 3 2 1 | 20010 2009 2008 2007 2006
Alle Drucke dieser Auflage können im Unterricht nebeneinander benutzt werden.
Die letzte Zahl bezeichnet das Jahr des Druckes.

© 2006 DUDEN PAETEC GmbH, Berlin

Internet www.duden-paetec.de

Redaktion Dr. Edeltraud Kemnitz
Gestaltungskonzept und Umschlag Simone Hoschack
Layout Jessica Kupke
Grafik Christiane Gottschlich, Martha-Luise Gubig, Christiane Mitzkus, Walter-Maria Scheid, Jule-Pfeiffer Spiekermann
Titel Liebespaar im Gedreidefeld; Dolphin Productions mauritiusimages

Druck und Bindung Těšínské Tiskárna, Český Těšín

ISBN 978-3-89818-472-4
ISBN 3-89818-472-2

Inhaltsverzeichnis

1 Sinnesorgane, Nerven- und Hormonsystem des Menschen 6

1.1 Informationsaufnahme 7

- Reizbarkeit und Reize 8
- **Erschließungsfeld: Information** 9
- Informationsaufnahme durch Sinneszellen 10
- Das Auge – unser Lichtsinnesorgan 12
- Der Sehvorgang 14
- Beobachtungen 15
- Anpassungen des Auges 16
- Das räumliche Sehen, Farbsehen und optische Täuschungen .. 18
- Gesunderhaltung und Schutz der Augen 21
- gewusst · gekonnt 22
- Das Wichtigste auf einen Blick 23

1.2 Informationsverarbeitung im Zentralnervensystem 24

- Nervensystem im Überblick 25
- Teile des Zentralnervensystems 26
- Bau und Funktion der Nervenzelle 26
- Bau und Funktion des Gehirns 28
- Informationsspeicherung im Gedächtnis 29
- Bau und Funktion des Rückenmarks 30
- Reaktionsabläufe und Reflexe 31
- Unbedingte Reflexe 31
- Bedingte Reflexe 33
- Erkrankungen und Gesunderhaltung des Nervensystems 34
- Beeinträchtigung der Informationsverabeitung durch Drogen 36
- Hilfe bei Drogenproblemen 38
- gewusst · gekonnt 39
- Das Wichtigste auf einen Blick 40

1.3 Das Hormonsystem 41

- Hormone – die Boten des Körpers 42
- Überblick über das Hormonsystem 43
- **Erschließungsfeld: Regulation** 46
- Regulation des Blutzuckerspiegels 48
- gewusst · gekonnt 50
- Das Wichtigste auf einen Blick 51

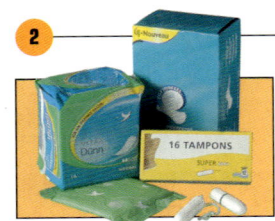

2 Sexualität des Menschen 52

Sexualität, Liebe und Partnerschaft 53

- Sexualität und Fortpflanzung 54
- Männliche Geschlechtsorgane 55
- Weibliche Geschlechtsorgane
  und Menstruationszyklus 56
- Geschlechtsverkehr und Befruchtung 58
- Sexuell übertragbare Krankheiten 59
- Phasen der Individualentwicklung 60
- Die Geburt 62
- Schutz für Mutter und Kind 63
- Nachgeburtliche Lebensabschnitte 64
- Entwicklung im Säuglingsalter,
  im Kleinkind-, Vorschul- und Schulalter 64
- Entwicklung im Jugendalter, Erwachsenenalter
  und Greisenalter, Tod 65
- Schwangerschaftsverhütung 66
- Sexueller Missbrauch 68
- gewusst · gekonnt 70
- Das Wichtigste auf einen Blick 71

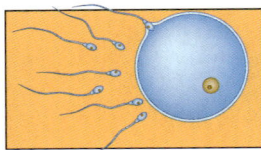

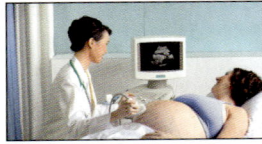

Inhaltsverzeichnis Biologie 5

W Wahlpflichtbereich • Fächerverbindendes Thema 72

Projekte 74
- Hinweise für die Gruppenarbeit an Projekten 73
- Stress und Stressbewältigung 74
- Erleben mit allen Sinnen 78
- Erste Hilfe bei Verletzungen der Blutgefäße und des Stütz- und Bewegungssystems 81

Fächerverbindendes Thema 83
- Luft – der Stoff, der uns umgibt 83

- Register 86
- Bildquellenverzeichnis 88

1 Sinnesorgane, Nerven- und Hormonsystem des Menschen

1.1 Informationsaufnahme

Tore zur Umwelt ▶▶ Mit den Sinnesorganen nehmen wir die verschiedenen Umwelteinflüsse auf: den Lärm auf der Straße, das Zirpen der Heuschrecke auf der Wiese, die Farbenpracht der Laubes im Herbst, den Duft einer Rose, den Geschmack einer leckeren Speise.

Über 130 000 000 Sinneszellen im Auge ▶▶ Das Auge ist das Sinnesorgan, mit dem wir die Vielfalt der Farben, das Majestätische eines Bauwerks oder die Schönheit eines Menschen aufnehmen. Über 130 Millionen Sinneszellen sind dafür verantwortlich.

Sinnesorgane und Nerven – eng verknüpft ▶▶ Unsere Sinnesorgane ermöglichen uns im Zusammenwirken mit dem Nervensystem die Orientierung in der Umwelt. Ihre Pflege und ihre Gesunderhaltung sind deshalb für unser ganzes Leben von großer Bedeutung.

Reizbarkeit und Reize

Reizbarkeit ist ein Merkmal aller Lebewesen. Auf verschiedene Reize reagieren Lebewesen mit einem bestimmten Verhalten.

Berührt man unverhofft mit der Hand einen heißen Ofen, zuckt man zusammen und zieht die Hand schnell zurück. Hat man mehrere Stunden nichts gegessen, empfindet man ein Hungergefühl.

Auf die verschiedensten Einflüsse aus der Umwelt reagiert man mit bestimmten Reaktionen. **Menschen sind reizbar.**

Die aus der Umwelt und dem Innern unseres Körpers kommenden Reize sind sehr verschiedenartig. Es können z. B. *akustische, optische, chemische* und *mechanische Reize* oder auch *Temperaturreize* sein (s. Tab., S. 10). Durch Reize werden einzelne Sinneszellen (Rezeptoren) oder freie Nervenendigungen (z. B. in der Haut) erregt. Die Sinneszellen können in Sinnesorganen, z. B. Auge und Ohr, konzentriert sein.

Die Sinneszellen sind auf bestimmte Reize spezialisiert. Beispielsweise werden die Sinneszellen im Innenohr durch akustische Reize und die Sinneszellen in der Netzhaut des Auges durch optische Reize erregt. Die Reize führen in den Sinneszellen zu elektrischen Spannungsänderungen.

Jede Spannungsänderung breitet sich als **Erregung (Nervenimpuls)** über die ganze Sinneszelle aus und wird auf die anschließende Nervenzelle übertragen. Die Erregungen, die Nervenimpulse, werden von den Nerven zum Rückenmark und ins Gehirn geleitet. Diese Nerven werden **Empfindungsnerven (sensible Nerven)** genannt. Im Gehirn und im Rückenmark werden die Erregungen (Nervenimpulse) verarbeitet und auf andere Nerven übertragen, die zu den ausführenden Organen führen. Die Nerven, die die Erregungen von Gehirn und Rückenmark zu den Organen leiten, werden **Bewegungsnerven (motorische Nerven)** genannt.

Dieser Prozess der Reizaufnahme, Erregungsbildung, Erregungsleitung und Erregungsverarbeitung im Gehirn, führt zur **Wahrnehmung der Umwelt**.

> Reizbarkeit ist eine Eigenschaft lebender Organismen, auf Einwirkungen (Reize) aus der Umwelt mit entsprechenden Reaktionen zu antworten.

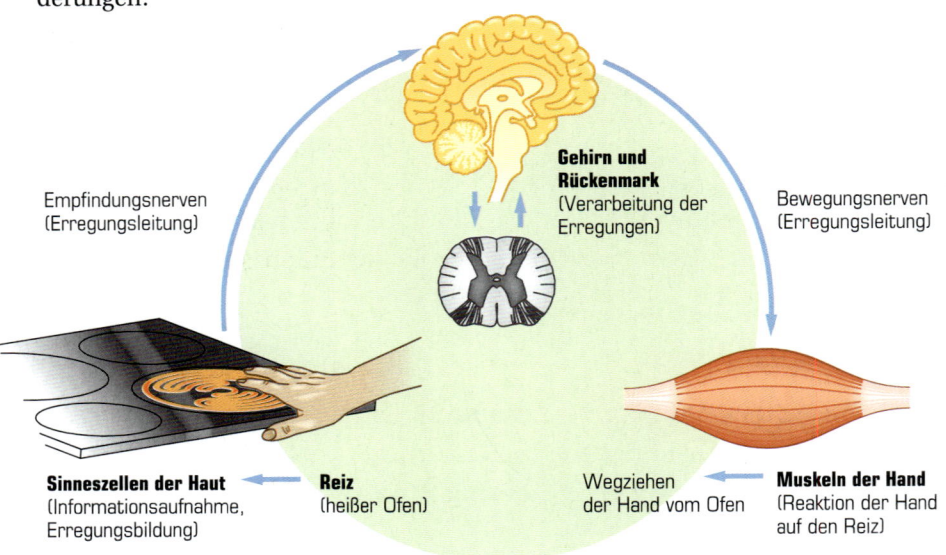

1 ▶ Prozess der Reizaufnahme, Erregungsbildung, Erregungsleitung und Erregungsverarbeitung

Erschließungsfeld

Information

Auf den Menschen wirken ständig **Reize** (u. a. physikalische, chemische) aus der Umwelt ein. Sie werden durch spezialisierte Sinneszellen und Sinnesorgane aufgenommen. Diese werden erregt und die Erregung wird in die zu verarbeitenden Zentren geleitet. Im Ergebnis der Erregungsverarbeitung kommt es zu bestimmten Verhaltensweisen.

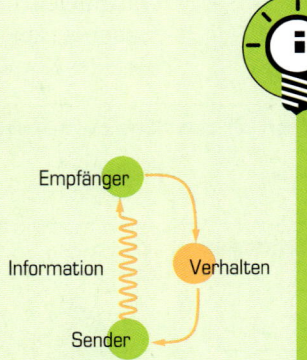

1. Wiederhole das Erschließungsfeld „Information". Nutze die nebenstehende Abbildung.
2. Nenne Sinneszellen und Sinnesorgane des Menschen, die der Reizaufnahme und der Erregungsbildung dienen.

Die nervenphysiologische Grundlage der Reizbarkeit bildet die **Reiz-Reaktions-Kette.**

3. Erkläre das in Abbildung 1 auf Seite 8 dargestellte Verhalten mithilfe der Reiz-Reaktions-Kette.

Hören und Sehen sind wichtige Voraussetzungen für die Orientierung und Kommunikation im Alltag. Dabei übermitteln nicht nur gesprochene Wörter, sondern auch Geräusche Informationen. Jeder Verkehrsteilnehmer weiß z. B., dass er beim Hören des Martinshorns die Straße räumen muss.

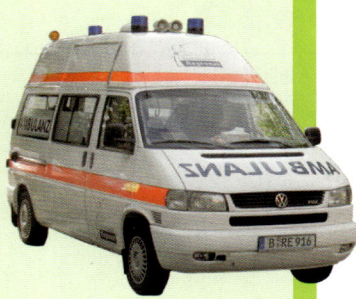

4. Was passiert nervenphysiologisch vom Hören des Martinshorns bis zum Räumen der Straße?
   Erläutere das mithilfe der oben abgebildeten Reiz-Reaktions-Kette.
5. Warum weiß jeder Verkehrsteilnehmer, wie er sich beim Hören des Signals zu verhalten hat? Welche Bedeutung hat dabei das Gehirn?
6. Erweitere das unter Aufgabe 1 wiederholte Sender-Empfänger-Modell durch folgende Begriffe: Empfänger, Decodierung (Entschlüsselung), Sender, Codierung (Verschlüsselung).
   Setze sie in das Schema ein.

7. Erkläre das erweiterte Sender-Empfänger-Modell.

Informationsaufnahme durch Sinneszellen

Mit den Sinneszellen und freien Nervenendigungen nimmt unser Körper Informationen aus der Umwelt und dem Innern des Körpers auf.

Sinneszellen können an bestimmten Stellen konzentriert auftreten sowie von Schutz- und Hilfseinrichtungen umgeben sein. Dann bilden sie Sinnesorgane.

Überblick über Sinne und Reizarten			
Sinne	**Reizarten**	**Sinneszellen, die erregt werden**	**Empfindungen**
Gesichtssinn	Licht (optische Reize)	Sinneszellen in der Netzhaut des Auges	Unterscheiden von hell und dunkel; Farben-, Bewegungs-, Bildsehen; räumliches Sehen
Geruchssinn	Stoffe (chemische Reize)	Sinneszellen im Riechfeld der Nasenschleimhaut	Unterscheiden von Geruchsqualitäten, brenzlig, würzig, faulig, fruchtig, blumig
Gehörsinn	Schall (akustische Reize)	Sinneszellen im Innenohr (Schnecke)	Wahrnehmen von Tonhöhen und Lautstärken
Gleichgewichtssinn	Lage- und Bewegungsänderungen des Körpers (mechanische Reize)	Sinneszellen im Innenohr (Lagesinneszellen im Vorhof, Bewegungssinneszellen in den Bogengängen)	Feststellen der Lage des Körpers, der Körperhaltung und -bewegung
Geschmackssinn	Stoffe (chemische Reize)	Sinneszellen in den Geschmacksknospen der Zunge und des Gaumens grün – bitter blau – sauer gelb – salzig rosa – süß	Unterscheiden von Geschmacksqualitäten, z. B. sauer, süß, bitter, salzig
Temperatursinn	Wärme und Kälte, Veränderung der Temperatur (Temperaturreize)	Sinneszellen und freie Nervenendigungen in der äußeren Haut und der Schleimhaut	Feststellen von Temperaturunterschieden und -veränderungen, Wärme- und Kälteempfindung
Druck- und Berührungssinn	Druck und Berührung (mechanische Reize)	Sinneszellen und freie Nervenendigungen in der Haut und den inneren Organen	Feststellen von Druck und Berührung

Energie und Energieformen

Energie ist die Fähigkeit eines Körpers, Arbeit zu verrichten, Wärme abzugeben oder Licht auszusenden.
Energie wird in Joule (1 J) gemessen. Dabei ist ein Joule die Energie, die man braucht, um einen Körper der Masse 100 g um 1 m zu heben.
Energie liegt in unterschiedlichen Formen vor. Die Energieformen können ineinander umgewandelt werden. Man unterscheidet u. a. folgende Formen:

Bewegungsenergie: Körper, die aufgrund ihrer Bewegung mechanische Arbeit verrichten können, besitzen kinetische Energie (z. B. Sportler, die laufen).

Thermische Energie: Körper, die aufgrund ihrer Temperatur Wärme abgeben können, besitzen thermische Energie (z. B. Eisbär in der Arktis).

Chemische Energie: Körper, die bei chemischen Reaktionen Wärme abgeben oder Arbeit verrichten, besitzen chemische Energie (z. B. kohlenhydratreiche Nahrungsmittel).

Lichtenergie: Körper, die Licht aussenden können, haben Lichtenergie (Strahlungsenergie; z. B. Glühwürmchen).

Elektrische Energie: Körper, die aufgrund elektrischer Vorgänge Arbeit verrichten, besitzen elektrische Energie (z. B. elektrische Organe des Zitteraals zum Betäuben der Beute).

Lageenergie: Körper, die aufgrund ihrer Lage mechanische Arbeit verrichten können, besitzen potenzielle Energie (z. B. Frucht des Springkrauts vor dem Herausschleudern der Samen).

Das Auge – unser Lichtsinnesorgan

Schutz- und Hilfseinrichtungen der Augen

Fremdkörper können z. B. Staubteilchen oder kleine Insekten sein. Gelangen diese trotzdem ins vordere Auge, werden sie normalerweise mit Tränenflüssigkeit aus dem Auge herausgespült. Andernfalls sollte man sofort einen Augenarzt aufsuchen.

Die fast kugeligen Augen liegen geschützt im Schädel, jedes in einer knöchernen **Augenhöhle** (Abb. 1). Die Knochen und Fettpolster schützen die Augen vor zu starkem Druck, Erschütterungen und Beschädigungen. Die **Augenbrauen** verhindern, dass Schweiß in die Augen fließt und zum „Brennen" der Augen führt.

Die **Augenlider** und **Wimpern** schließen sich sofort, wenn Fremdkörper in die Nähe der Augen gelangen, und verhindern so das Eindringen der Fremdkörper in die Augen.

Die in den **Tränendrüsen** (Abb. 2) produzierte Tränenflüssigkeit gelangt auf die Hornhaut. Durch Lidschlag wird sie gleichmäßig über Hornhaut und Bindehaut verteilt. Im inneren Augenwinkel fließt sie durch Tränenkanälchen in den Tränensack und weiter in die Nasenhöhle. Die Tränenflüssigkeit verhindert ein Austrocknen von Hornhaut und Bindehaut.

Zu den **Hilfseinrichtungen** des Auges gehören die Augenmuskeln (Abb. 1). Sie setzen am äußeren Augapfel an und bewirken die gleichsinnige Bewegung unserer Augen.

Bau des Auges und Funktionen seiner Teile

Die Augenwand ist aus drei Schichten aufgebaut (Abb. 2, S. 13).

Die äußere weiße und feste Schicht ist die **Lederhaut.** Nach vorne geht sie in die vorgewölbte durchsichtige **Hornhaut** über. Beide schützen die inneren Teile des Auges.

Die mittlere Schicht ist die **Aderhaut.** Sie wird von zahlreichen Blutgefäßen durchzogen und dient der Versorgung der Augenteile mit Nährstoffen und Sauerstoff sowie dem Abtransport von Stoffwechselendprodukten. Nach vorn schließen sich Ziliarkörper und Regenbogenhaut an.

Die **Regenbogenhaut** gibt unseren Augen die Farbe. Sie enthält eingelagerte Farbstoffe. In ihrer Mitte lässt sie ein kreisrundes Loch frei, das Sehloch oder die **Pupille**. Ring- und strahlenförmig angeordnete Muskeln in der Regenbogenhaut bewirken durch Kontraktion eine Verengung oder Erweiterung der Pupille. Dadurch wird die einfallende Lichtmenge geregelt (Abb. 1, S. 16).

Der hinter der Regenbogenhaut liegende **Ziliarkörper** besteht aus einem **Ringmuskel.** Er umgibt wie ein Ring die farblose, durchsichtige und bikonvexe **Linse.**

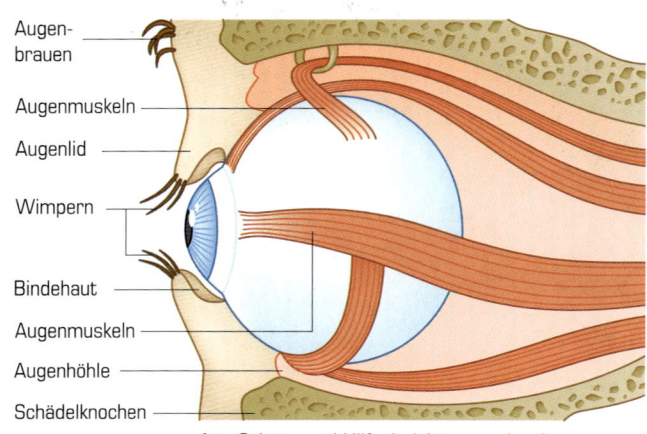

1 ▶ Schutz- und Hilfseinrichtungen des Auges

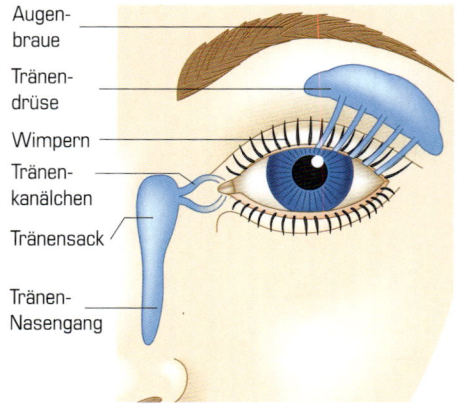

2 ▶ Auge mit Tränendrüse und ableitenden Kanälen

Informationsaufnahme   Biologie 13

Die Linse ist durch strahlenförmig vom Linsenrand abgehende Fasern am Ziliarkörper befestigt. Durch Kontraktion und Entspannung des ringförmigen Ziliarmuskels kann die elastische Linse gewölbt und abgeflacht werden (Abb. 1, S. 17).

Die Räume zwischen Hornhaut und Regenbogenhaut sowie zwischen Regenbogenhaut und Linse heißen vordere und hintere **Augenkammer.** Sie sind mit einer klaren Flüssigkeit gefüllt, dem Kammerwasser. Das Kammerwasser dient u. a. der Aufrechterhaltung des Augeninnendrucks.

Die innere Augenschicht besteht aus zwei Teilen. Außen liegt – bedingt durch eingelagerte Farbstoffe – die schwärzliche **Pigmentschicht.** Sie ist fest mit der Aderhaut verwachsen und schützt die weiter innen liegende lichtempfindliche **Netzhaut** (Abb. 1) vor dem einfallenden Licht. Die Netzhaut enthält die Lichtsinneszellen (Stäbchen und Zapfen) sowie verschiedenartige Nervenzellen mit ihren Fortsätzen. Die innerste Schicht der Netzhaut besteht aus netzartig untereinander verbundenen Nervenzellen, die sich zum **Sehnerv** vereinen (Abb. 2).

An der Stelle, wo der Sehnerv das Auge verlässt, befinden sich keine Lichtsinneszellen. Diese Stelle ist der **blinde Fleck,** die Stelle des Nichtsehens.

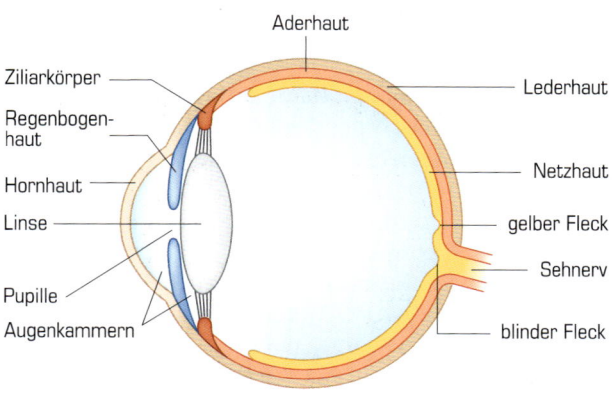

2 ▸ Bau des Auges (Längsschnitt)

Etwas oberhalb der Austrittsstelle des Sehnervs befinden sich in einer Vertiefung der Netzhaut gehäuft Lichtsinneszellen (nur Zapfen). Es ist die Stelle des schärfsten Sehens, auch **gelber Fleck** genannt. Das Innere des Auges füllt der fast kugelige, durchsichtige, gallertartige **Glaskörper** (Abb. 2) aus. Er bewirkt durch Druck von innen, dass das Auge seine Form behält.

> Das nahezu kugelige Auge besteht aus drei Augenhautschichten, der Linse und dem Glaskörper. Alle Teile des Auges führen entsprechend ihrem Bau bestimmte Funktionen aus.

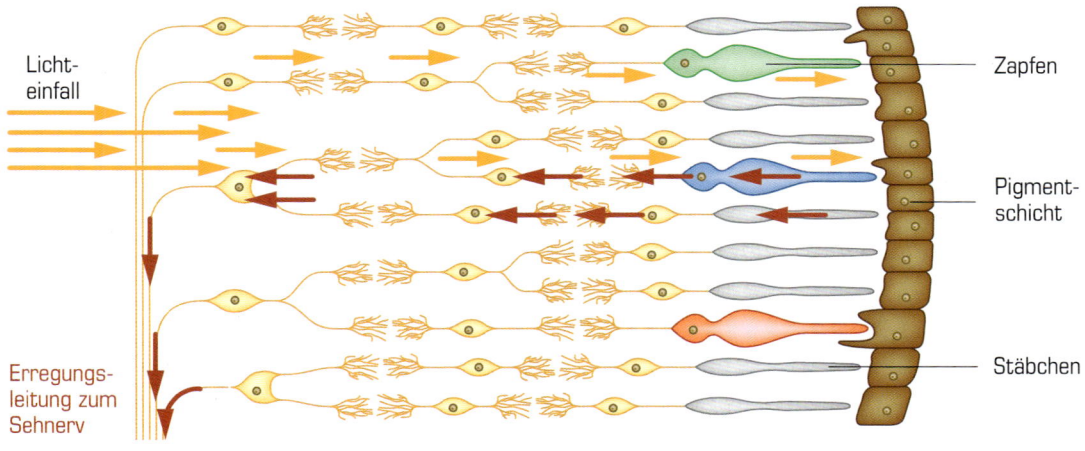

1 ▸ Bau der Netzhaut, Lichteinfall (⟶) und Erregungsleitung (⟶)

Der Sehvorgang

Aus dem Physikunterricht ist die Brechung von Lichtstrahlen durch verschiedene Linsen, z. B. Sammel- und Zerstreuungslinsen, sicherlich bekannt.

Vitamin A findet man u. a. in Leber, Zuckermelone und Karotten.

Hornhaut, Kammerflüssigkeit, Linse und Glaskörper des Auges bilden ein System, das wie eine Sammellinse wirkt.

Das eintreffende Licht wird von der Hornhaut und der Kammerflüssigkeit gebrochen, gelangt durch die Pupille zur Linse, wird von ihr ebenfalls gebrochen, breitet sich durch den gallertartigen Glaskörper und die Nervenzellschicht der Netzhaut aus und erreicht dann die Lichtsinneszellen in der Netzhaut (Abb. 1).

Die lichtempfindlichen Stäbchen und Zapfen werden durch die Lichtreize erregt. Dadurch kommt es zur Erregungsbildung in den Lichtsinneszellen. Es entsteht in der Netzhaut ein *umgekehrtes, verkleinertes,* aber *wirkliches (reelles)* **Bild** des betrachteten Objekts (Abb. 1).

Die in den Lichtsinneszellen durch den Lichtreiz ausgelösten Erregungen werden über den Sehnerv zum Sehfeld der Großhirnrinde (Abb. 1, S. 28) geleitet, dort verarbeitet und gespeichert.

Mithilfe unseres Gehirns nehmen wir das Abbild des betrachteten Objekts in seiner natürlichen Lage, Größe und Gestalt wahr.

Bau und Funktion der Netzhaut

Die **Netzhaut** jedes Auges enthält bis zu 130 Millionen Lichtsinneszellen, bis zu 125 Millionen längliche und schlanke Stäbchen sowie etwa 6 Millionen dickere und gedrungene Zapfen. Die Stäbchen werden schon durch schwaches Licht angeregt. Sie können hell und dunkel unterscheiden und dienen dem Dämmerungssehen. Die **Zapfen** werden durch helles Licht erregt. Sie ermöglichen das Farbensehen (s. S. 18).

Ursache für die Entstehung der Erregung in den **Stäbchen** ist ein lichtempfindlicher Farbstoff, der **Sehpurpur.** Durch Licht zerfällt dieser Farbstoff. Dabei entstehen elektrische Impulse, die als Erregung weitergeleitet werden. Diese bewirken in unserem Bewusstsein einen Helligkeitseindruck. Anschließend wird der Sehpurpur wieder neu aufgebaut.

Zur Synthese von Sehpurpur wird Vitamin A gebraucht. Fehlt Vitamin A in der Nahrung, kann es zur verminderten Sehschärfe oder **Nachtblindheit** kommen.

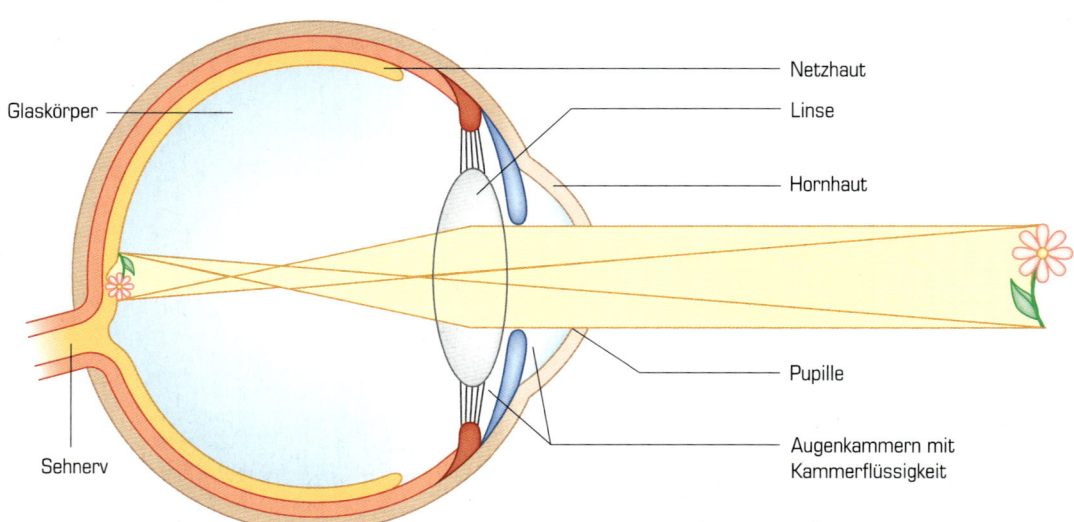

1 ▸ Sehvorgang – Bildentstehung auf der Netzhaut

Beobachtungen

Untersuche die Anpassung des Auges an unterschiedliche Lichtstärken

Materialien:
Spiegel, Lampe

Durchführung und Beobachtung:
1. Schaue eine Weile mit geöffneten Augen in eine Lampe. Betrachte deine Augen anschließend sofort im Spiegel.
2. Nun schließe beide Augen. Öffne sie wieder und betrachte sie sofort im Spiegel.

Auswertung:
Was konntest du jeweils beobachten? Erkläre die unterschiedlichen Reaktionen der Augen.

Betrachte die Spitze des Bleistifts

Material:
spitzer Bleistift

Durchführung und Beobachtung:
1. Halte deinem Mitschüler einen spitzen Bleistift ca. 40 cm vor das Gesicht. Er soll ein Auge schließen und versuchen, mit dem Zeigefinger die Bleistiftspitze zu berühren. Was stellst du fest?
2. Anschließend wiederhole den Versuch mit geöffneten Augen. Was stellst du dieses Mal fest?

Auswertung:
- Vergleiche die Ergebnisse von 1 und 2.
- Versuche eine Begründung zu finden.

Überprüfe das Farbsehen deiner Augen

Material:
verschiedene Testbilder (Abbildung)

Durchführung und Beobachtung:
Betrachte die verschiedenen Testbilder.

Auswertung:
- Was konntest du auf den Testbildern erkennen?
- Vergleiche dein Ergebnis mit dem anderer Mitschüler.
- Gab es unter ihnen welche, die die Motive nicht erkennen konnten?
- Wenn ja, ermittle mithilfe des Internets oder geeigneter Literatur die Ursachen.

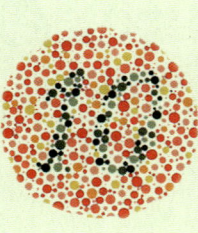 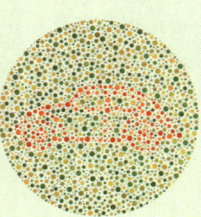

Weise den blinden Fleck im Auge nach

Material:
Abbildung (unten)

Durchführung und Beobachtung:
1. Halte dazu dein linkes Auge zu.
2. Halte die untere Abbildung in Armeslänge vor dein rechtes Auge und schaue genau auf das linke Dreieck.
Nähere nun langsam die Abbildung deinem Auge.
Was stellst du fest?

Auswertung:
Erkläre deine Beobachtung.

Anpassungen des Auges

Das ist jedem schon einmal passiert: Man war an einem sonnigen Tag lange draußen und betritt dann einen relativ dunklen Raum. Man sieht eine Weile nichts! Umgekehrt ist es nicht ganz so schlimm, aber das einfallende Licht blendet im ersten Moment sehr. Würden wir in diesem Augenblick unsere Augen im Spiegel betrachten, könnte man eine Veränderung der **Pupillen** feststellen (s. Versuch 1, S. 15). Bei starkem Lichteinfall verengen sie sich, in der Dämmerung öffnen sie sich weit.

Durch diese unwillkürliche Reaktion, **Pupillenreflex** genannt, passt sich unser Auge an die Menge des einfallenden Lichtes, also an die unterschiedliche Beleuchtungsstärke an. Diese Anpassung des Auges wird **Pupillenadaptation** genannt.

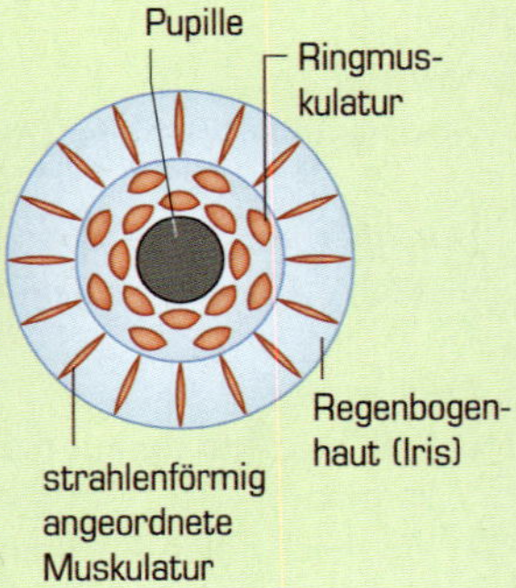

Die Veränderung der Pupillenweite beruht auf der Kontraktion oder dem Erschlaffen der ring- und strahlenförmig angeordneten Muskeln in der Regenbogenhaut (Abb. 1).

> **Pupillenadaptation ist die Anpassung des Auges an die unterschiedliche Beleuchtungsstärke durch Erweiterung oder Verengung der Pupille.** (M)

Wir können mit unseren Augen nicht zugleich nahe und ferne Gegenstände scharf sehen.

Betrachten wir ferne Gegenstände, sehen wir die nahen Gegenstände unscharf; betrachten wir nahe Gegenstände, sehen wir die fernen Gegenstände unscharf.

Pupille im grellen Licht

Verengung der Pupille

durch Kontraktion der Ringmuskeln der Regenbogenhaut – Verringerung der Menge des einfallenden Lichtes

Pupille im Dunkeln

Erweiterung der Pupille

durch Kontraktion der strahlenförmig angeordneten Muskeln – Erhöhung der Menge des einfallenden Lichtes

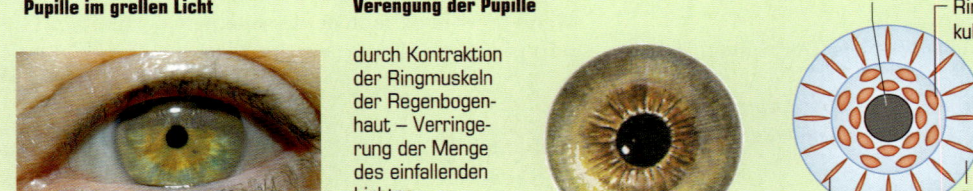

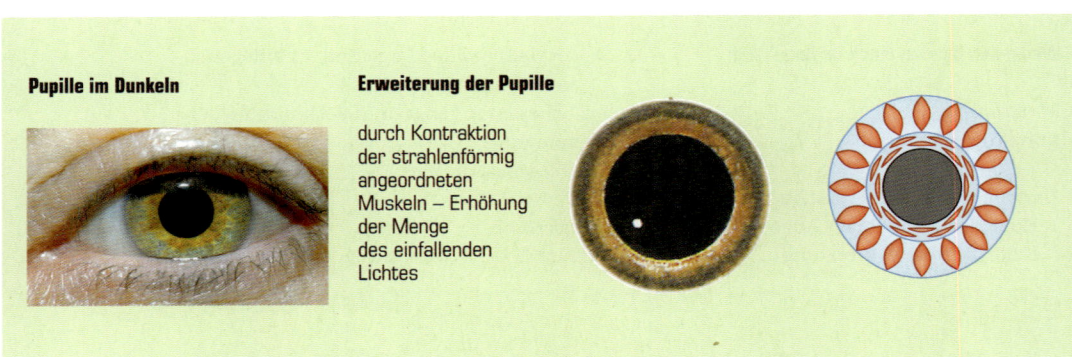

1 ▸ Anpassung des Auges an die unterschiedliche Beleuchtungsstärke – Pupillenadaptation

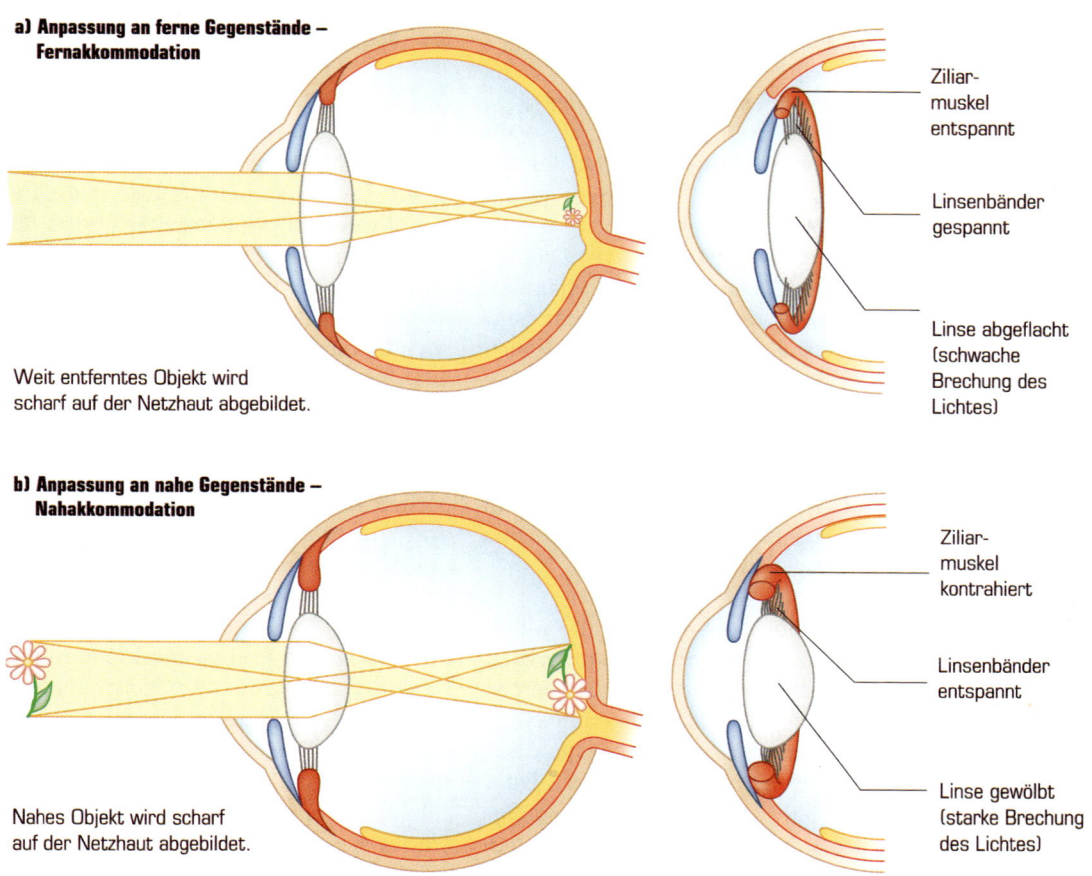

1 ▸ Anpassung des Auges an die unterschiedliche Entfernung der betrachteten Gegenstände – Akkommodation

Das Auge passt sich auch an die unterschiedliche Entfernung der betrachteten Gegenstände an. Diesen Vorgang nennt man **Akkommodation.** Die Akkommodation beruht auf der unterschiedlichen Krümmung der elastischen Augenlinse. Die Linsen hängen jeweils mit Linsenbändern am ringförmigen Ziliarmuskel.

Betrachten wir z. B. *ferne Gegenstände,* so fällt das Licht fast parallel auf die Linsen. Die Ziliarmuskeln sind entspannt, die Linsenbänder werden straff gespannt. Dadurch werden die elastischen Linsen abgeflacht. Ihre Brechkraft ist geringer, sodass die entfernten Gegenstände auf der Netzhaut scharf abgebildet werden (Abb. 1a).

Beim *Nahsehen* wird das Licht durch die Linsen stärker gebrochen. Dazu werden die Ziliarmuskeln kontrahiert. Dadurch entspannen sich die Linsenbänder, und die Linsen nehmen – bedingt durch ihre eigene natürliche Elastizität – eine stark gekrümmte, fast kugelige Form an.

Damit erreichen sie eine höhere Brechkraft, sodass die nahen Gegenstände auf der Netzhaut scharf abgebildet werden (Abb. 1b).

Akkommodation ist die Anpassung des Auges an die unterschiedliche Entfernung der zu betrachtenden Gegenstände durch Änderung der Linsenkrümmung.

Das räumliche Sehen

In jedem Auge entsteht ein flächiges Bild des betrachteten Gegenstands. Wir sehen aber nicht zwei getrennte Bilder des Gegenstands, sondern ein einziges räumliches Bild.

Dies ist eine *Leistung unseres Gehirns*. Vergleicht man nämlich das Netzhautbild des rechten und linken Auges miteinander, dann stellt man fest, dass sie deutlich voneinander verschieden sind. Das rechte Auge sieht den Gegenstand mehr von rechts, das linke mehr von links. Mit beiden Augen wird der Gegenstand, z. B. ein Buchrücken, vollständig gesehen, weil im Gehirn beide Bilder zu einem räumlichen Bild vereinigt werden (Abb. 1).

Das **räumliche Sehen** ist für die räumliche Tiefenwahrnehmung unabdingbar. Es ist nur bei gleichzeitigem Betrachten eines Objekts mit beiden Augen möglich. Jedes Auge nimmt einen Gegenstand aus einem anderen Blickwinkel wahr. Auf der Netzhaut jedes Auges wird demzufolge auch ein anderes Halbbild des gesehenen Gegenstands erzeugt.

Die beiden Sehnerven senden somit auch unterschiedliche Erregungsmuster zum Gehirn. Das Gehirn entwickelt aus ihnen die Raumempfindung.

In einem Stereoskop (es hat zwei Okulare) entsteht ein räumliches Bild (Stereobild) des betrachteten Objekts. Mit einer Stereokamera kann man die beiden Halbbilder gleichzeitig aufnehmen. Diese räumlichen Bilder kann man dann bei einer Raumbildprojektion betrachten.

> **M** Räumliches Sehen ist nur beidäugig möglich. Das räumliche Sehen ist eine Leistung unseres Gehirns.

Das Farbensehen

Das Licht breitet sich in elektromagnetischen Wellen aus. Das Spektrum des sichtbaren Lichtes (das weiße Licht) reicht von den Farben Rot bis Violett. Infrarotes und ultraviolettes Licht sind für uns unsichtbares Licht.

In der Dämmerung und bei geringer Beleuchtung können wir mit den Stäbchen **hell** und **dunkel** unterscheiden und mit den Zapfen bei ausreichender Beleuchtung **Farben sehen.**

In der Netzhaut gibt es drei *verschiedene Zapfentypen*, die je einen spezifischen Sehfarbstoff besitzen. Sie werden durch Licht der Grundfarben Rot, Grün und Blau erregt. Eine gleich starke Erregung aller drei Zapfentypen ruft den Eindruck *Weiß* hervor. Werden die Zapfen nur durch rotes und grünes Licht erregt, sehen wir die Farbe Gelb. Spektralfarben können also gemischt werden. Durch *Mischen der Grundfarben* Rot, Grün und Blau erhält man alle Farben (Abb. 2).

In unserem Auge wird jede Farbe durch ein für sie typisches Erregungsverhältnis der drei Zapfentypen widergespiegelt. Dadurch kann unser Auge 150 bis 200 verschiedene Farben und ca. 7 Millionen Farbtöne unterscheiden. Bei einigen Menschen können die Zapfen für eine der Grundfarben oder sogar für mehrere Farben gestört sein oder ganz fehlen. Es kommt dann zu **Farbensinnstörungen** (Farbenfehlsichtigkeit) oder zur **Farbenblindheit.**

  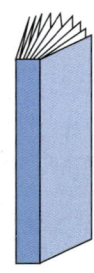

1 ▸ Räumliches Sehen eines Buchrückens

2 ▸ Veranschaulichung der Farbmischung

Informationsaufnahme   Biologie   19

Optische Täuschung

Dass unser Gehirn beim Sehen beteiligt ist, können wir an weiteren Beispielen verdeutlichen.

Betrachtet man die Abbildung 3 genau, so scheinen die Personen im Hintergrund größer als die im Vordergrund zu sein. Ein Nachmessen zeigt aber, dass alle Personen gleich groß sind. Dies ist eine **optische Täuschung.** Sie entsteht, weil die Straße einen räumlichen und perspektivischen Eindruck erweckt. Im Gehirn ist die Erfahrung gespeichert, dass der hintere Gegenstand größer sein müsste als der vordere. Daher erscheinen die Personen unterschiedlich groß.

Die optische Täuschung wird noch größer, wenn man ein Auge schließt. Einige sehen auf der Abbildung 1 ein junges Mädchen, andere eine alte Frau, obwohl auf der Netzhaut aller Betrachter das gleiche Bild entsteht.

Die junge Frau ist links im seitlichen Profil zu erkennen. Wenn man die Wimpern und die Nase der jungen Frau zuhält, sieht man das nach unten gerichtete Gesicht einer alten Frau, das Kinn im Pelzmantel versteckt. Auch bei der

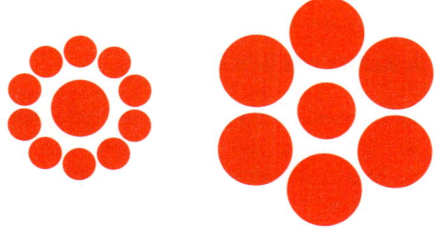

2 ▶ Die inneren Kreise erscheinen unterschiedlich groß.

Auswertung dieses Bildes werden die gespeicherten Erfahrungen im Gehirn unbewusst bei der Sehwahrnehmung mit verarbeitet.

Bei der Betrachtung der Abbildung 2 erscheinen die inneren Kreise unterschiedlich groß, obwohl sie den gleichen Durchmesser besitzen. Die Ursache dieser optischen Täuschung liegt darin, dass die Flächen in unserem Gehirn immer in Bezug zu ihrer Umgebung (kleinere Kreise, größere Kreise) wahrgenommen werden. Dabei wirken größere Figuren neben kleinen Figuren besonders groß.

> Beim Sehen arbeiten Auge und Gehirn zusammen. Manche optische Täuschungen beruhen darauf, dass das Gehirn das Gesehene nach der Erfahrung deutet.

1 ▶ Einige sehen eine junge, andere eine alte Frau.

3 ▶ Wer ist hier größer?

Sehfehler und ihre Korrektur

Bei **normalsichtigen Menschen** geschieht die Anpassung der Linsenkrümmung an die Entfernung des zu betrachtenden Gegenstands unwillkürlich und ohne Anstrengung. Das hat zur Folge, dass auf der Netzhaut von nahen und fernen Objekten ein scharfes Bild entsteht.

Bei einer Reihe von Menschen ist die Anpassung des Auges an die unterschiedlichen Entfernungen der Gegenstände gestört. Diese **Sehfehler** (Abb. 1) können angeboren sein oder auch erst mit zunehmendem Alter auftreten. Letzteres betrifft die **Altersweitsichtigkeit**.

Beim jungen Menschen ist die Linse noch elastisch und kann sich durch Krümmung an das Sehen naher und ferner Gegenstände anpassen.

Mit zunehmendem Alter nimmt die Elastizität der Linse ab. 40- bis 45-Jährige – bisher normalsichtig – können oftmals die normale Schrift im üblichen Abstand von 35 cm nicht mehr ausreichend lesen. Sie benötigen eine

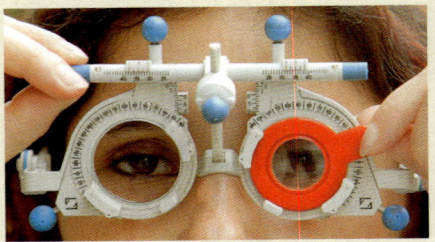

2 ▸ Beim Augenarzt kann die benötigte Linsenstärke zur Augenkorrektur bestimmt werden.

Lesebrille (mit Sammellinsen). Das Sehen in der Ferne ist dagegen normal.

Die **Altersweitsichtigkeit** tritt mit zunehmendem Alter auf. Die Augenlinse kann sich den verschiedenen Entfernungen der Gegenstände nicht mehr ausreichend anpassen. Bei 60- bis 70-Jährigen ist die Elastizität der Linse fast völlig erloschen. Das scharfe Bild von nahen Gegenständen entstünde hinter der Netzhaut. Auf der Netzhaut ist das Bild unscharf. Die Korrektur erfolgt durch Brillen mit Sammellinsen.

Anstelle von Brillen benutzen viele Menschen Kontaktlinsen.

Kurzsichtigkeit
(Ursache: angeboren)

Kurzsichtige Menschen können nahe Gegenstände mühelos sehen, aber ferne Gegenstände sehen sie verschwommen.

Weitsichtigkeit/Übersichtigkeit
(Ursache: angeboren)

Weitsichtige (übersichtige) Menschen können ferne Gegenstände mühelos scharf sehen, nahe Gegenstände jedoch nur mit Mühe oder nur unscharf.

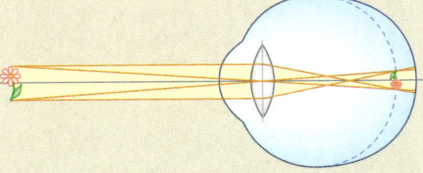

Augapfel zu lang; scharfes Bild von entfernten Gegenständen entstünde vor der Netzhaut, auf der Netzhaut ist das Bild unscharf.

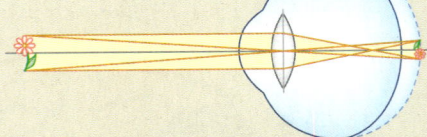

Augapfel zu kurz; scharfes Bild von nahen Gegenständen entstünde hinter der Netzhaut, auf der Netzhaut ist das Bild unscharf.

Korrektur:
durch Brillen mit Zerstreuungslinsen

Korrektur:
durch Brillen mit Sammellinsen

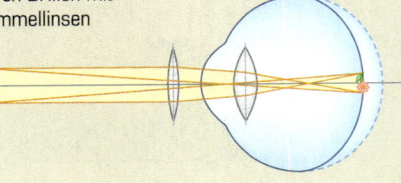

1 ▸ Sehfehler und ihre Korrektur

Gesunderhaltung und Schutz der Augen

Die Augen sind ein wichtiges Sinnesorgan des Menschen. Sie lassen uns die Umwelt in ihrer Wirklichkeit sehen und erleben. Die Augen sind aber sehr empfindlich. Deshalb muss man sie schützen.

Bei allen Tätigkeiten, die für die Augen sehr anstrengend sind, z. B. beim Lesen, Schreiben, Sticken, ist auf ausreichende Beleuchtung zu achten. Auch grelles Sonnenlicht ist schädlich für die Augen. Deshalb sollte man eine **Sonnenbrille** tragen.

Um die Augen vor Strahlung, Fremdkörpern oder ätzenden Flüssigkeiten zu schützen, ist es in vielen Berufen vorgeschrieben, **Schutzschilder** oder **Schutzbrillen** (Abb. 2) zu verwenden. Dazu gehören Tätigkeiten wie Schleifen, Schweißen, oder Arbeiten mit ätzenden Flüssigkeiten (Säuren und Basen). Auch beim Motorradfahren verhindert ein Schutzhelm das Eindringen von Fremdkörpern.

Viele Menschen arbeiten heute am **Computer.** Um die Augen nicht zu überanstrengen, sollte man sie nach einiger Zeit **in die Ferne richten.** Dadurch verringert sich die Linsenkrümmung. Man sagt dann, das Auge „ruht" sich aus.

Außerdem sollte man zwischen Auge und Arbeitsgegenstand einen bestimmten Abstand einhalten. Bei Erwachsenen mit gesunden Augen beträgt er etwa 25 bis 35 cm. Kann man den Arbeitsgegenstand nicht mehr scharf sehen, muss ein Arzt aufgesucht werden.

Bei **Schädigungen** der verschiedensten Art leidet häufig zunächst die außen liegende Bindehaut des Auges.

Die *Symptome* der **Bindehautentzündung** sind deutlich gerötete, tränende und brennende Augen (Abb. 1). Ursachen für die Entzündung sind u. a. Zugluft, Sonnenstrahlen, Rauch und Chemikalien. Allergien, Bakterien und Viren können ebenfalls Ursachen sein.

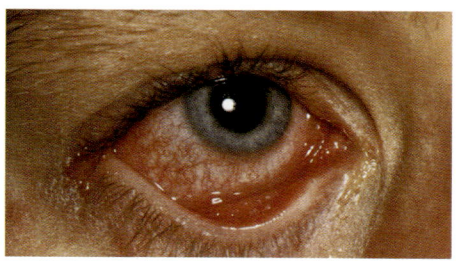

1 ▸ Bindehautentzündung

Verletzungen des Auges können u. a. durch Fremdkörper hervorgerufen werden. Sind diese klein, kann man den Eindringling leicht beseitigen: behutsam und stets in Richtung des Tränenflusses zur Nase hin.

Bei jeder **ernsteren Schädigung** ist unverzüglich ein **Augenarzt** aufzusuchen. Das verletzte Auge sollte auf dem Weg dorthin steril abgedeckt sein, um Infektionen zu vermeiden.

Besonderen Wert erhält die richtige Hilfe vor Ort bei **chemischen Verätzungen** des Auges. Ob Säuren oder Basen, am Arbeitsplatz oder im Haushalt: Sofort das Auge ausspülen! Am besten eignet sich klares, fließendes Wasser (direkt aus der Leitung) mindestens zehn Minuten lang. Wichtig ist, dass die Chemikalie vollständig aus dem Auge entfernt wird, weil sonst die Verätzung weiter fortschreitet. Besonders gefährlich ist in dieser Hinsicht Kalkstaub.

Alle Arten von Verätzungen erfordern schnellstmöglich ärztliche Hilfe. Andernfalls drohen Vernarbungen auf den vorderen Augenhäuten, die im Spätstadium zu Erblindung führen.

Auch beim Lesen, Nähen, Sticken sollte man ab und zu in die Ferne schauen, um die Augen nicht zu überanstrengen.

2 ▸ Schutz der Augen mit einer Schutzbrille

gewusst · gekonnt

1. Wir ziehen unsere Hand sofort zurück, wenn wir mit ihr unbewusst einen sehr heißen Gegenstand berühren.
Stelle die ablaufenden Prozesse in Form eines Reflexbogens schematisch dar.

2. Beim Ballfangen wirken Sinnesorgane, Nervensystem und Muskeln zusammen. Beschreibe an diesem Beispiel die Signalkette vom Reiz zur Reaktion.

3. Nenne die Teile des Auges und gib deren Funktion an. Fertige dazu eine Tabelle an.

4. Erläutere, wie die einzelnen Teile des Auges an ihre Funktionen, z. B. Schutz- oder optische Hilfseinrichtung, angepasst sind.

5. Beschreibe den Sehvorgang. Betrachte dazu die Abbildung 1 auf Seite 14.

6. Wenn du weinst, „läuft" dir die Nase. Begründe diese Aussage.

7. Beschreibe den Verlauf der Lichtstrahlen durch eine Sammellinse. Verwende dazu deine Kenntnisse aus dem Physikunterricht oder nutze im Internet die Suchmaschine www.schuelerlexikon.de.

8. Begründe, warum ein weitsichtiger Mensch nahe Gegenstände unscharf sieht.

9. Du kannst nahe und ferne Gegenstände nicht gleichzeitig deutlich sehen. Werte dazu die beiden Abbildungen aus.

10. Kontaktlinsen ersetzen heute vielfach Brillen. Informiere dich bei einem Optiker, Augenarzt oder im Internet über die Arten sowie Vor- und Nachteile von Kontaktlinsen.

11. Trifft grelles Licht unverhofft deine Augen, verschließt du sie. Stelle die Reaktion in Form einer Reiz-Reaktions-Kette dar. Begründe diese Reaktion.

12. a) Vergleiche Aufbau von Auge und Kamera.
b) Vergleiche den Strahlengang im Auge (Abb. 1, S. 14) und in einer Kamera (Abb. unten).

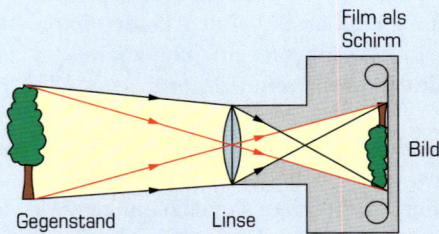

13. Beim Lesen soll der Abstand vom Buch etwa 30 cm betragen. Begründe diese Aussage.

14. Betrachte die Abbildung. Erkläre deine Beobachtungen.

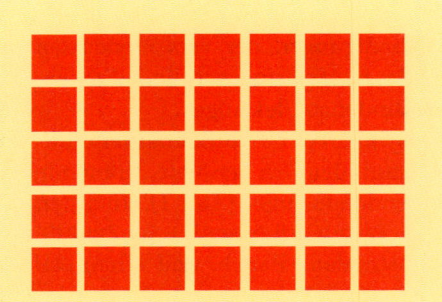

Informationsaufnahme Biologie 23

Das Wichtigste auf einen Blick

Sinnesorgane des Menschen

Mithilfe der Sinnesorgane können wir mit unserer **Umwelt Kontakt** aufnehmen, uns an unsere Umwelt **anpassen.** Wir können uns mit ihrer Hilfe orientieren und vielfältige Situationen – auch Gefahren – erkennen und bewerten, Eindrücke aufnehmen und im Gehirn verarbeiten.

Das Auge als Lichtsinnesorgan

Das **Auge** wird durch optische Reize (Licht) erregt. Jeder Teil des Sinnesorgans hat bestimmte Funktionen beim Sehen zu erfüllen.
Der Großteil dient dem Sehen direkt, andere helfen dabei und wiederum andere schützen das Auge.

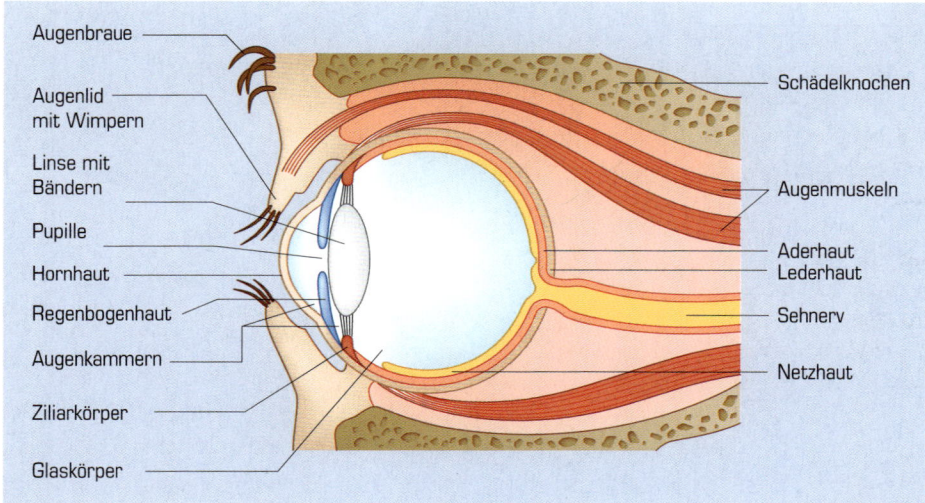

Sehvorgang

Durch das Linsensystem des Auges wird das auftreffende Licht gebrochen. Es breitet sich durch den Glaskörper aus und reizt die Lichtsinneszellen in der Netzhaut. Dort entsteht ein umgekehrtes, verkleinertes und wirkliches (reelles) Bild des betrachteten Objekts.
Die in den Sinneszellen entstehenden Erregungen werden über den Sehnerv zum Sehfeld des Gehirns geleitet. Die Erregungen werden verarbeitet. Der Mensch nimmt das Bild des betrachteten Objekts in seiner natürlichen Größe und Gestalt wahr.

Anpassungen des Auges

Mithilfe der Sinnesorgane können wir uns an unsere Umwelt anpassen, z. B. können sich die Augen an unterschiedliche Beleuchtungsstärken **(Pupillenadaptation)** und an unterschiedliche Entfernungen von Objekten **(Akkommodation)** anpassen.

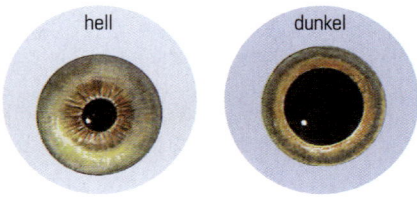

1.2 Informationsverarbeitung im Zentralnervensystem

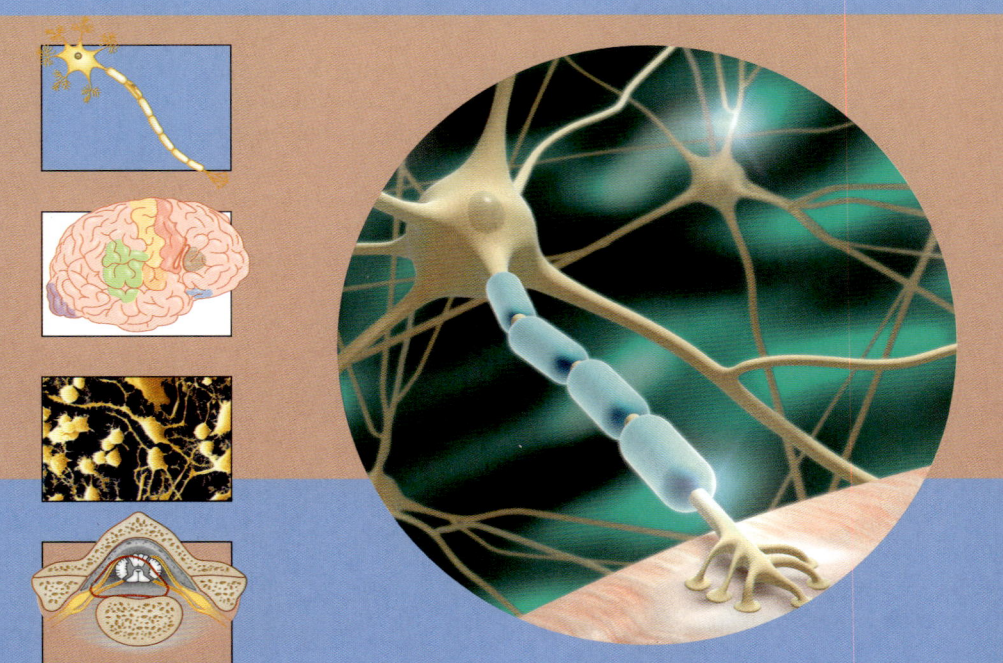

Ohne Nerven geht es nicht ▸▸ Mit den Sinneszellen werden Reize aus der Umwelt aufgenommen. Dabei werden die Sinneszellen erregt, und diese Erregung wird über Nerven weitergeleitet zum Gehirn, der Steuerzentrale des Organismus. Dort werden die Informationen verarbeitet und wiederum über Nerven hin zum Ort der Reaktion geleitet.

500 000 km Nervenfasern ▸▸ Würde man alle Nervenfasern im Großhirn zusammenlegen, käme man auf eine Gesamtlänge von 500 000 km. Als Verbindungsstellen zwischen den einzelnen Nervenzellen im Gehirn wirken 7 000 000 000 000 Synapsen.

Täglicher Verlust an Nervenzellen ▸▸ Im menschlichen Nervensystem sterben täglich bis zu 100 000 Nervenzellen. Bisher war es nicht möglich, Nervenzellen zu regenerieren. Aber Forschern gelangen jetzt erste Erfolge.

Nervensystem im Überblick

Das Nervensystem durchzieht den ganzen Körper (Abb. 1). Es besteht aus drei Teilen:
- Das **Zentralnervensystem** (Gehirn, Rückenmark) verarbeitet die einlaufenden Erregungen, sodass wir unsere Umwelt wahrnehmen.
- Das **periphere Nervensystem** umfasst die Nerven, die vom Gehirn und Rückenmark ausgehen und das Nervengeflecht für die Haut und die Muskeln von Hals, Nacken, Rumpf und Gliedmaßen bilden. Die Erregungen werden von Sinneszellen oder freien Nervenendigungen in der Haut aufgenommen und über *Empfindungsnerven (sensible Nerven)* zu den Nervenzentren Gehirn und Rückenmark geleitet. Dort werden sie auf die *Bewegungsnerven (motorische Nerven)* übertragen, die die entsprechenden Organe zur Reaktion anregen.
- Das **vegetative Nervensystem** (Eingeweidenervensystem) umfasst die Nerven, die zu den inneren Organen und von ihnen weg führen. Sie steuern die Tätigkeit des Herzens, der Drüsen und der glatten Muskulatur in den inneren Organen, z.B. Atmung, Blutkreislauf, Verdauung, Ausscheidung.

Das vegetative Nervensystem ist kaum von unserem Willen beeinflussbar. Es arbeitet selbstständig, ist aber auch mit dem Zentralnervensystem verknüpft. Zwei gegensätzlich wirkende Nervenstränge – der *Sympathikus* und der *Parasympathikus* – sind für die genannten Reaktionen verantwortlich (Abb. 2).

Parasympathikus und Sympathikus sind Gegenspieler ähnlich wie es Beuge- und Streckmuskel sind.

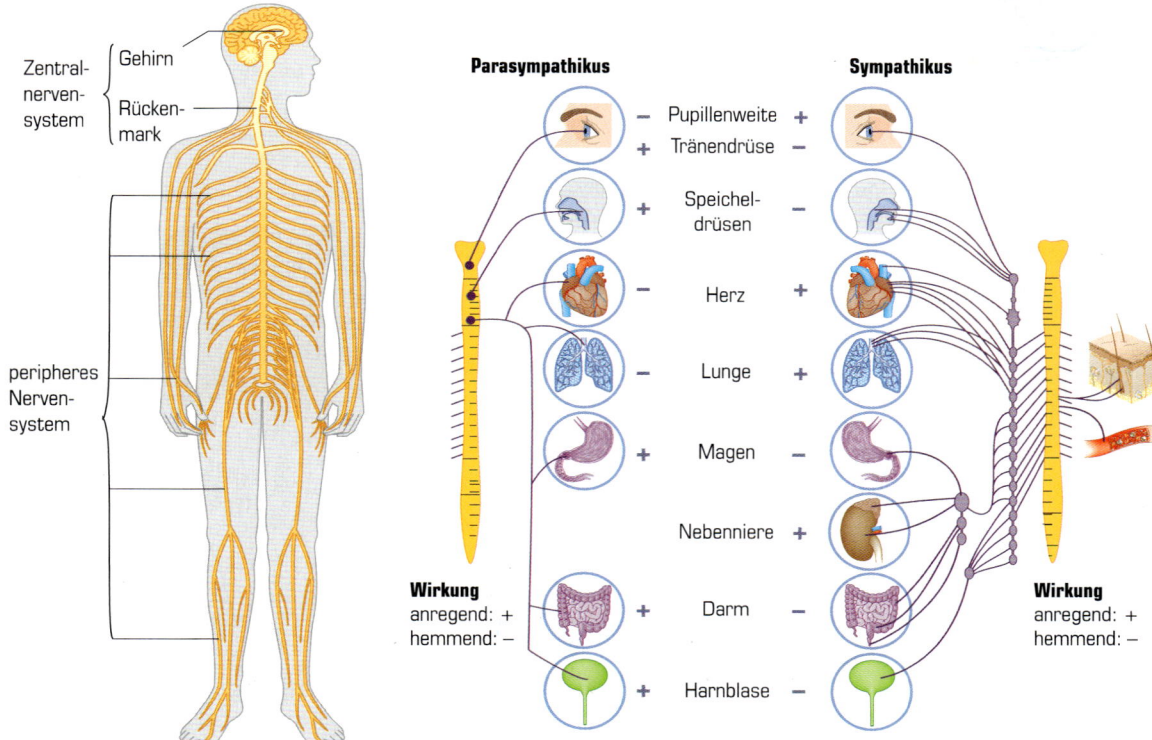

1 ▸ Zentralnervensystem und peripheres Nervensystem im Überblick

2 ▸ Parasympathikus (gebildet von Gehirn- und Rückenmarksnerven) und Sympathikus (bestehend aus 2 Nervensträngen)

Teile des Zentralnervensystems

Der Mensch besitzt wie alle Wirbeltiere ein **Zentralnervensystem,** das aus vielen Millionen Nervenzellen besteht, die in Gehirn und Rückenmark konzentriert sind.

Bau und Funktionen der Nervenzelle

Die Bausteine von Gehirn und Rückenmark sind die **Nervenzellen** (Abb. 1), die einen besonderen Bau aufweisen. Sie bestehen aus einem Nervenzellkörper mit kurzen Fortsätzen *(Dendriten)* und einem langen Nervenzellfortsatz *(Axon, Neurit).*

Die kurzen baum- oder strauchartig verzweigten Fortsätze am **Nervenzellkörper** werden **Dendriten** genannt. Sie stehen mit anderen Nervenzellen oder auch Sinneszellen in Verbindung und nehmen von ihnen Erregungen auf.

Im Nervenzellkörper befinden sich neben dem *Zellkern* alle lebensnotwendigen Bestandteile einer Zelle. Der Nervenzellkörper ist für die Funktionsfähigkeit der Nervenzelle verantwortlich.

Der Nervenzellfortsatz, **Axon** genannt, der vom Nervenzellkörper ausgeht, ist z. T. meterlang. Er stellt die Verbindung mit anderen Nervenzellen, Drüsenzellen oder Muskelfasern her. Das Axon kann von anderen Zellen umwickelt sein. Diese Zellen, auch *schwannsche Zellen* genannt, dienen der „Isolation". Das Axon und die schwannschen Zellen bilden gemeinsam eine Funktionseinheit. Am Ende ist das Axon vielfach verzweigt und besitzt kleine Verdickungen, die *Endknöpfchen,* auch *Synapsen* genannt.

Erregungen werden von Nervenzellen in Form von elektrischen Impulsen geleitet. Die Spannung eines einzelnen Impulses beträgt etwa −70 mV. Er setzt sich auf dem Axon fort. Wenn das Axon von schwannschen Zellen isoliert ist, springt der Impuls zwischen den nichtisolierten Stücken des Axons hin und her. Die nichtisolierten Abschnitte zwischen den schwannschen Zellen werden als *ranviersche Schnürringe* bezeichnet.

So sind die Nervenzellen durch ihren Bau auf die **Aufnahme, Verarbeitung und Weiterleitung von Informationen** (Nervenimpulsen, Erregungen) spezialisiert.

Wissenschaftler schätzen, dass die Gesamtlänge aller Nervenfasern eines Menschen eine Strecke von etwa einer Milliarde Meter bildet. Das wäre eine Leitung, die von der Erde bis zum Mond und wieder zurück reichen würde.

> **M** Die Nervenzelle besteht aus dem Nervenzellkörper mit Dendriten und dem Neuriten (Axon). Sie dient der Aufnahme, Weiterleitung und Übertragung von Nervenimpulsen.

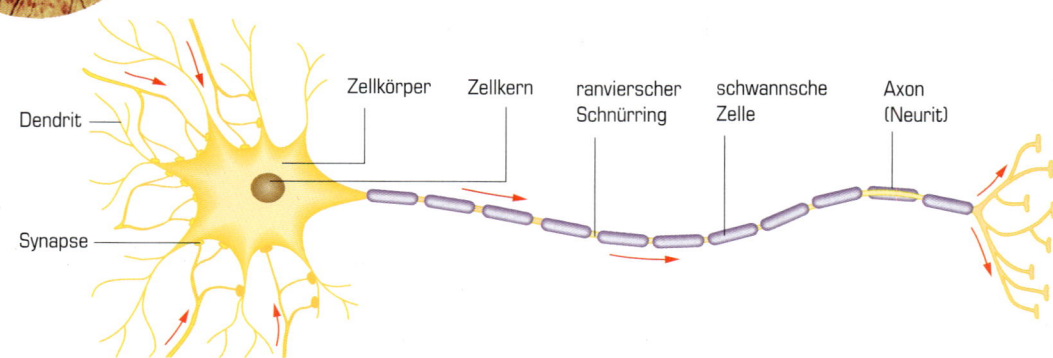

1 ▸ Die Nervenzellen – kleinstes Bauelement des Nervensystems – dienen der Erregungsleitung.

Biologie

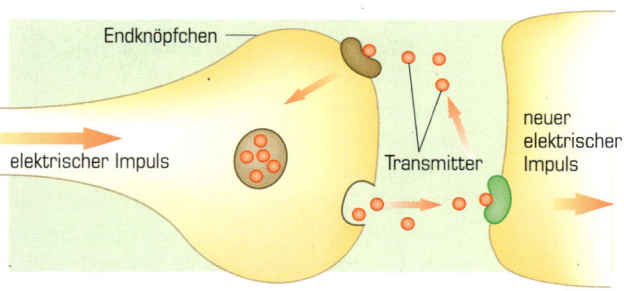

2 ▶ Synapse und Erregungsübertragung

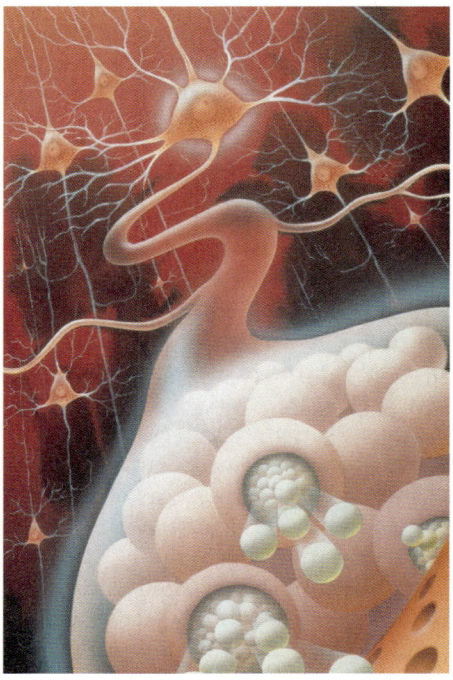

1 ▶ Abgabe von Überträgerstoffen

Gift	Wirkung von Synapsengiften
Botulinumtoxin (sog. Botox®)	verhindert die Abgabe des Transmitters im Endknöpfchen ➔ keine Erregungsübertragung ➔ schlaffe Lähmung
Kokain	verhindert Aufnahme des Transmitters in Endknöpfchen ➔ verstärkte Transmitterwirkung ➔ Verhaltensänderungen
Insektizide (Phosphorsäureester, BI 58®)	verhindert den Abbau des Transmitters im Spalt ➔ dauernde Erregungsübertragung ➔ Krämpfe, starre Lähmung

3 ▶ Wirkung von Synapsengiften

Die Nervenzellen stehen untereinander in Verbindung. Jede Nervenzelle ist nämlich über die *Endknöpfchen* des Axons in Kontakt mit den Dendriten der darauffolgenden Zelle (Abb. 1, S. 26). Diese Kontaktstellen bezeichnet man als **Synapsen**.

Es handelt sich dabei nicht um feste Verbindungen. Zwischen dem Endknöpfchen und dem Dendriten der folgenden Zelle bleibt ein winziger Spalt, der *synaptische Spalt*.

Er verhindert, dass sich die Zellen berühren. Die elektrischen Nervenimpulse gelangen nur ins Endknöpfchen. Bei der Überbrückung des Spaltes helfen Überträgerstoffe (*Transmitter*, z. B. Acetylcholin, Abb. 1).

Sobald ein elektrischer Impuls eintrifft, werden vom Endknöpfchen Transmitter abgegeben. Sie diffundieren durch den synaptischen Spalt und können auf der Seite der Empfängerzelle neue elektrische Impulse auslösen. Die Information wurde übertragen. Danach werden die Transmitter unwirksam gemacht oder vom Endknöpfchen der Sendezelle wieder aufgenommen.

Synapsen wirken wie Ventile. Da nur die Endknöpfchen der Neuriten die Überträgerstoffe enthalten, können die Nervenimpulse nur in eine Richtung weitergeleitet werden.

Die Verknüpfung jeder Nervenzelle mit vielen anderen – eine motorische Nervenzelle des Rückenmarks besitzt etwa 10 000 Synapsen – ermöglicht die Verarbeitung von Informationen im Gesamtnervensystem. In diesem System der Informationsverarbeitung stecken auch Fehlerquellen. Viele Gifte hemmen oder verhindern die synaptische Erregungsübertragung. Das kann zu Verhaltensänderungen, aber auch zu Lähmung der Atem- und Herzmuskulatur oder auch zum Tod führen.

Die Wirkung einiger Nervengifte (z. B. Botox®) wird neuerdings in der Schönheitschirurgie genutzt, um Falten „verschwinden" zu lassen.

Nerven-, Sinnes- oder Muskelzellen sind durch Synapsen miteinander verbunden. Transmitter übertragen die Informationen von Zelle zu Zelle.

Bau und Funktionen des Gehirns

Das Großhirn ist das Zentrum zahlreicher Empfindungen und Wahrnehmungen, Sitz der Lernfähigkeit, des Erinnerungsvermögens und des Gedächtnisses, des Denkens, der Begriffssprache und des bewussten Handelns.

Das weiche und druckempfindliche Gehirn ist durch die Schädelknochen vor schädlichen äußeren Einflüssen geschützt (Abb. 2). Einen weiteren **Schutz** bieten die drei Hirnhäute und die Hirnflüssigkeit. Das Gehirn eines Erwachsenen wiegt ca. 1 500 g und enthält etwa 10 bis 14 Milliarden Nervenzellen. Das Gehirn wird in fünf Abschnitte eingeteilt. Jeder Abschnitt erfüllt bestimmte Aufgaben.

Das **Nachhirn** oder verlängerte Rückenmark ist das Reflexzentrum unseres Körpers. Von hier aus werden z. B. Atmung, Herzschlag, Blutdruck und Kreislauf gesteuert. Das Nachhirn ist aber auch „Umschaltstelle" für wichtige Nervenbahnen, die die Verbindungen der Körpermuskulatur mit dem Gehirn darstellen.

Das sich nach hinten auswölbende **Kleinhirn** macht etwa ein Achtel der gesamten Hirnmasse aus. Seine beiden Hälften sind stark gefurcht. Die äußere graue Hülle, die Kleinhirnrinde, besteht aus Nervenzellen, die untereinander über sehr viele Verknüpfungsmöglichkeiten verfügen. Der innere Teil, das Kleinhirnmark, wird von vielen Nervenfasern gebildet. Das Kleinhirn steht mit dem Gleichgewichtsorgan im Innenohr in Verbindung. Es reguliert und koordiniert sämtliche Bewegungsabläufe.

Das kleine **Mittelhirn** ist ebenfalls eine „Umschaltstelle" für Nervenbahnen, die vor allem von den Augen und Ohren zum Gehirn führen. Es ist eine Zentralstelle für zahlreiche Reflexe.

Das **Zwischenhirn** ist eine Schaltstation für Nervenbahnen aus dem gesamten Körper zum Gehirn und vom Gehirn in den Körper. Hier sitzt auch eine Zentrale, die z. B. die Körpertemperatur, den Glucose- und Salzgehalt des Blutes reguliert sowie für verschiedene Gefühle wie Hunger, Durst, Angst, Wut, Aggression und Liebe verantwortlich ist.

Das **Großhirn** besteht aus zwei Hälften, die durch eine Längsspalte voneinander getrennt sind. Die Oberfläche wird durch zahlreiche Windungen und Furchen unterteilt. Die im Durchschnitt 6 mm dicke Großhirnrinde ist die aus Nervenzellkörpern bestehende **graue Substanz.** Unterhalb der *Großhirnrinde* befindet sich das **Großhirnmark,** die **weiße Substanz,** die aus Nervenfasern besteht.

Den einzelnen Bereichen der Großhirnrinde sind bestimmte Funktionen zugeordnet. Dies führte zur Einteilung in **Rindenfelder** (Abb. 1). Für die Aufnahme, Verarbeitung und Weiterleitung von Erregungen sowie für die Speicherung von Informationen sind einzelne Gehirnteile eng miteinander verbunden.

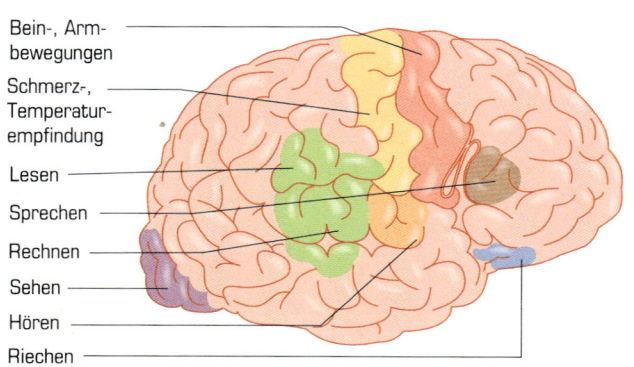

1 ▸ Einige Rindenfelder in der Großhirnrinde

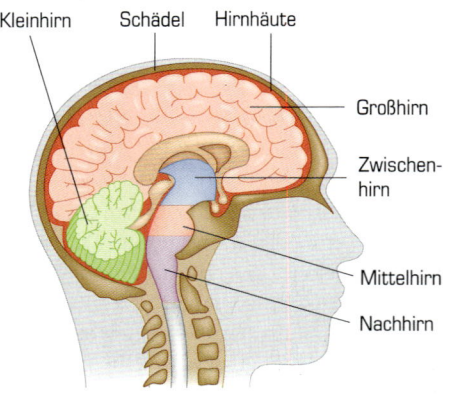

2 ▸ Hirnstamm (Zwischen-, Mittel- und Nachhirn)

Informationsspeicherung im Gedächtnis

Tiere und Menschen sind in der Lage, **Informationen** zu speichern und bei Bedarf wieder abzurufen. Mit der Höherentwicklung des Gehirns können diese Informationen zu komplexen Eindrücken, Erfahrungen und Kenntnissen verarbeitet und in dieser neuen Qualität gespeichert werden. Die *Nervenzellen des Gehirns* und ihre *Verbindungen* sind die Grundlage für die Speicherung, d. h. für das **Gedächtnis**.

Man unterscheidet nach der Länge der Informationsspeicherung das Kurzzeit- und das Langzeitgedächtnis.

Die aus der Umwelt aufgenommenen Informationen bleiben im **Kurzzeitgedächtnis** Sekunden bis *maximal wenige Minuten* gespeichert. Danach werden sie gelöscht oder vom mittelfristigen Speicher aufgenommen. Dazu gehören das Merken einer Telefonnummer ohne Wiederholung oder das Merken einer Anweisung, die nur kurzfristig Bedeutung hat.

Im **mittelfristigen Speicher** bleiben die Informationen *einige Stunden bis Tage* erhalten. Wenn z. B. ein Jugendlicher von der Disko kommt, hat er die Musikfolge des Abends im Wesentlichen im Kopf. Nach und nach vergisst er, was an jenem Abend gespielt wurde. Das Gehörte gerät allmählich in Vergessenheit.

Informationen, die für uns bedeutsam sind, können auch im **Langzeitgedächtnis gespeichert** werden. Die hier gespeicherten Informationen stehen meist lebenslang zur Verfügung und bilden unseren immer verfügbaren Wissensspeicher. Sie müssen durch wiederholtes Abrufen ständig in Erinnerung gebracht werden, damit sie auf Dauer behalten werden (Abb. 1).

Interessen, Neigungen, Einstellungen und Gefühle beeinflussen die Gedächtnisleistung. Deshalb ist das Gedächtnis jedes Menschen immer individuell.

Die Qualität des Gedächtnisses, die **Merkfähigkeit,** ist individuell sehr unterschiedlich. Sie hängt z. B. von der Anzahl der Wiederholungen, vom Zeitabstand, von der Konzentrationsfähigkeit und auch vom Interesse am Thema ab.

Dementsprechend ist auch das **Lernen** individuell unterschiedlich. Die Fähigkeit zum Lernen ist angeboren.

Gedächtnis ist die Fähigkeit des Gehirns, Informationen über verschiedene Zeiträume hinweg zu speichern und abzurufen.

> Lernen beruht auf Vorgängen der Informationsaufnahme, -weiterleitung, -verarbeitung, -speicherung und Wiedergabe.

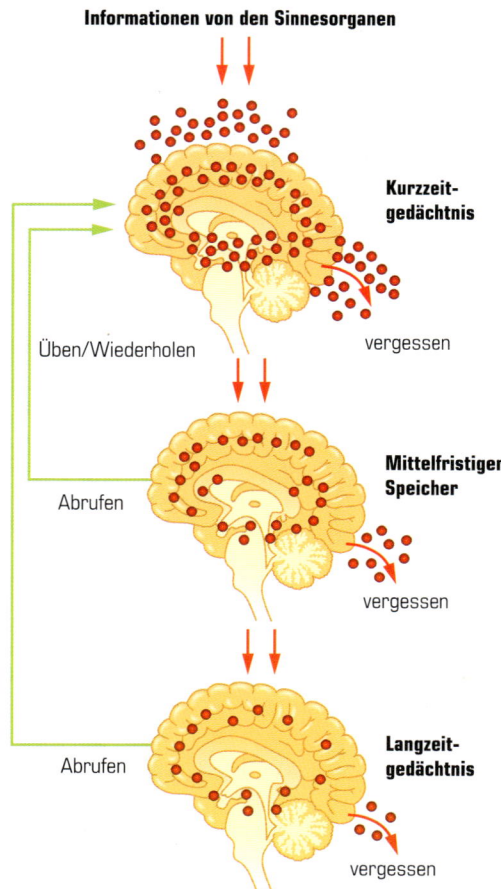

1 ▸ Ablauf von Gedächtnisvorgängen (⟶)

Beobachtung • Untersuchung

Ermitteln der verschiedenen Lerntypen

Bei allen Untersuchungen sollen immer jeweils 2 Schüler zusammenarbeiten.

Materialien:
Stoppuhr oder Uhr mit Sekundenzeiger, Vorlage für Rechenaufgaben, Auswertungsvorlage (Lerntypenkreuz), Papier, Bleistift
Untersuchung 1: 10 Zettel mit je einem Wort von einem Gegenstand
Untersuchung 2: eine Liste mit den Wörtern von 10 Gegenständen
Untersuchung 3: 10 unterschiedliche Gegenstände (z. B. Schlüssel, Apfel, Bleistift, Arbeitsheft, Münze)
Untersuchung 4: Augenbinde und weitere 10 Gegenstände (z. B. Radiergummi, Tasse, Kamm, Bürste)

Hinweis:
In jeder Untersuchung müssen andere Gegenstände entweder original oder als geschriebenes Wort oder als vorgelesenes Wort verwendet werden. Die jeweilige Untersuchungsperson darf diese Wörter und Gegenstände vor Untersuchungsbeginn nicht sehen bzw. hören.

Werden 2 bis 4 Untersuchungen von dem gleichen Schülerpaar durchgeführt, kann man den Lerntyp der Untersuchungsperson ermitteln.

Durchführung:
1. Untersuchung zum Lesetyp

- Gib deinem Untersuchungsschüler nacheinander im Abstand von drei Sekunden 10 Zettel mit je einem Wort von einem Gegenstand. Er darf jedes Wort zwei Sekunden lesen.
- Löse nun 30 Sekunden lang mit deinem Untersuchungsschüler einfache Kopfrechenaufgaben.
- Gib deinem Untersuchungsschüler 20 Sekunden Zeit, sich an die gelesenen Wörter für Gegenstände zu erinnern. Danach soll er die behaltenen Wörter nennen.
- Notiere die genannten Wörter und ermittle deren Anzahl.

2. Untersuchung zum Hörtyp

- Lies deinem Untersuchungsschüler nacheinander im Abstand von drei Sekunden 10 Wörter von Gegenständen vor.
- Löse nun – wie in Untersuchung 1 – 30 Sekunden lang mit deinem Untersuchungsschüler Kopfrechenaufgaben.
- Gib ihm wiederum 20 Sekunden Zeit, sich an die gehörten Wörter zu erinnern; dann soll er die behaltenen Wörter nennen.
- Notiere die genannten Wörter und ermittle die Anzahl.

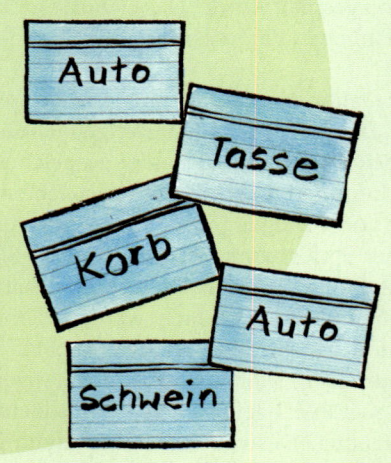

Beobachtung • Untersuchung

3. Untersuchung zum Sehtyp

- Lege deinem Untersuchungsschüler nacheinander im Abstand von drei Sekunden 10 Gegenstände auf den Tisch. Er darf jeden Gegenstand zwei Sekunden betrachten.
- Löse nun – wie in den Untersuchungen 1 und 2 – 30 Sekunden lang mit ihm Kopfrechenaufgaben.
- Gib ihm wiederum 20 Sekunden Zeit, sich an die gesehenen Gegenstände zu erinnern. Dann soll er die gemerkten Gegenstände nennen.
- Notiere die genannten Gegenstände und ermittle deren Anzahl.

4. Untersuchung zum Anfasstyp

- Verbinde deinem Untersuchungsschüler die Augen. Gib ihm nacheinander 10 Gegenstände in die Hände, die er jeweils zwei Sekunden betasten darf.
- Löse nun – wie in den Untersuchungen 1 bis 3 – 30 Sekunden lang mit ihm Kopfrechenaufgaben.
- Gib ihm wiederum 20 Sekunden Zeit, sich an die betasteten Gegenstände zu erinnern. Dann soll er die gemerkten Gegenstände nennen.
- Notiere die genannten Gegenstände und ermittle deren Anzahl.

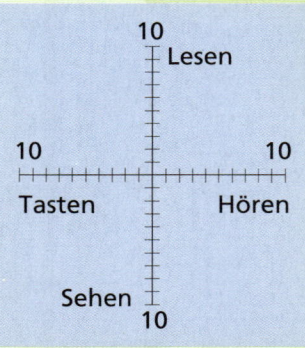

Auswertung für die Untersuchungen 1–4:
1. Markiere die Anzahl der gemerkten Wörter (Untersuchung 1 und 2) sowie der gemerkten Gegenstände (Untersuchungen 3 und 4) in dem Lerntypenkreuz.
2. Verbinde die Punkte zu einem Viereck.
3. Erläutere und begründe, was für ein Lerntyp dein Untersuchungsschüler ist.

Beobachtung • Untersuchung

Ermitteln der Merkfähigkeit für geometrische Flächen und Muster

Materialien:
Papier, Bleistift, Stoppuhr oder Uhr mit Sekundenzeiger, Papiervorlage mit Zeichnungen einer Gruppe geometrischer Flächen, Papiervorlage mit Zeichnungen mehrerer Gruppen geometrischer Flächen

Beispiele

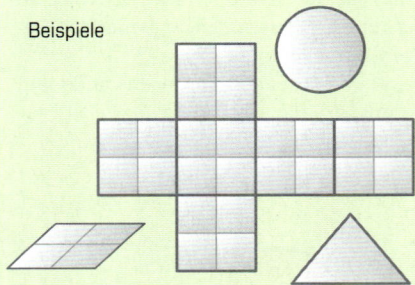

Durchführung:
- Zeige deinem Untersuchungsschüler für 10 Sekunden eine Vorlage mit **Zeichnungen einer Gruppe** geometrischer Flächen, die auch unterschiedliche Muster aufweisen. Er soll auf Form, Lage und Muster der Figuren achten und sich die Bilder einprägen.
- Gib nach 2 Sekunden Erinnerungspause deinem Mitschüler eine Vorlage mit **Zeichnungen mehrerer Gruppen** geometrischer Flächen mit unterschiedlichen Mustern. Er soll aus der Vielzahl der Gruppen die vorher gesehene und eingeprägte Gruppe geometrischer Flächen herausfinden.
Notiere das Ergebnis (Zeit des Wiedererkennens der Zeichnungen).

Auswertung:
- Beurteile deine Merkfähigkeit für geometrische Flächen und Muster.
- Vergleiche deine Ergebnisse mit den Ergebnissen anderer Schülergruppen.

Nachweis der Lernform „Versuch–Irrtum–Lernen"

Materialien:
Stoppuhr oder Uhr mit Sekundenzeiger, Stäbchen, Vorlagen mit Mustern verschiedener Labyrinthzeichnungen (unterschiedliche Schwierigkeitsgrade)

Durchführung:
- Du erhältst vom Lehrer eine Labyrinthzeichnung. Durchlaufe mit dem Stäbchen so schnell wie möglich das Labyrinth vom Eingang zum Ausgang.
Notiere die Zeit.
- Beginne bei jedem Fehlversuch von vorn. Notiere die Anzahl der Fehlversuche und die benötigte Zeit bis zum richtigen Durchlauf.
- Wiederhole die Untersuchung mit einer zweiten Labyrinthzeichnung.

Auswertung:
- Nenne und begründe die Anzahl der Fehlversuche.
- Stelle einen Zusammenhang zwischen der Anzahl der Fehlversuche und der benötigten Zeit her.
- Vergleiche deine Ergebnisse mit den Ergebnissen deiner Mitschüler.

Beobachtung • Untersuchung

Ermitteln des Kurzzeitgedächtnisses für geometrische Flächen und ihre Anordnung

Materialien:
Papier mit jeweils einem großen vorgezeichneten Quadrat, Bleistift, Stoppuhr oder Uhr mit Sekundenzeiger

Durchführung:
- Nimm ein Blatt Papier und zeichne in das große vorgezeichnete Quadrat die genannten geometrischen Flächen nach folgender Anordnung ein:
  - in der Mitte ein Quadrat
  - unter das Quadrat einen kleinen Kreis
  - rechts neben den kleinen Kreis ein großes Dreieck
  - über das große Dreieck ein Rechteck
  - oben links ein kleines Dreieck
  - unten links einen große Kreis

  Kontrolliere, ob jetzt auf dem Bild sechs Figuren zu sehen sind.
- Du löst auf Anweisung deines Mitschülers 30 Sekunden lang Kopfrechenaufgaben.
- Nun erinnere dich an deine Zeichnungen und zeichne die geometrischen Flächen in gleicher Größe, Form und Anordnung in das große vorgezeichnete Quadrat auf dem zweiten Blatt Papier.

Auswertung:
- Vergleiche deine Zeichnungen in beiden großen Quadraten. Beurteile dein Kurzzeitgedächtnis.
- Vergleiche deine Ergebnisse mit den Ergebnissen der anderen Schülergruppen.

Ermitteln des Kurzzeitgedächtnisses für Wörter

Materialien:
Bleistift, Stoppuhr oder Uhr mit Sekundenzeiger, Papier mit aufgeschriebenen Wortgruppen (bestehend aus 5 Wörtern)
Beispiele für Wortgruppen:

Buch	Dach	Kreis	Dolche	Feder
Streichholz	Heft	Baum	Boden	Wand
Mist	Ziegel	Bleistift	Wasser	Hose
Stein	Band	Ring	Rose	Stuhl
Blatt	Kugel	Tisch	Hut	Haar

Durchführung:
- Lies deinem Untersuchungsschüler zügig und ohne Zwischenpausen eine Wortgruppe (bestehend aus 5 Wörtern) laut und deutlich vor.
- Nach 2 Sekunden Erinnern soll er versuchen, die 5 Wörter zu wiederholen. Notiere das Ergebnis.
- Biete ihm weitere Wortgruppen an, verlängere die Erinnerungszeit um jeweils 5 Sekunden.
  (2. Wortgruppe wiederholen nach 7 Sekunden, 3. Wortgruppe wiederholen nach 12 Sekunden usw.)
  In den Erinnerungspausen soll dein Untersuchungsschüler ungerade Zahlen aufsagen.
- Führe die Untersuchung so lange durch, bis dein Mitschüler nicht mehr alle 5 Wörter der Wortgruppe nennen kann.

Auswertung:
- Beurteile dein Kurzzeitgedächtnis für Wörter.
- Vergleiche deine Ergebnisse mit den Ergebnissen der anderen Schülergruppen.

Bau und Funktionen des Rückenmarks

Der mehr als 50 cm lange und 1 cm dicke, weiche und empfindliche *Rückenmarksstrang* liegt geschützt im Wirbelkanal der Wirbelsäule (Abb. 1). Schutz bieten auch die Rückenmarkshäute.

In einem Querschnitt durch das Rückenmark ist außen die aus Nervenfasern bestehende **weiße Substanz** zu erkennen. Innen liegt, schmetterlingsförmig angeordnet, die aus Nervenzellkörpern bestehende **graue Substanz** (Abb. 1).

Aus dem Rückenmark treten zwischen den einzelnen Wirbelkörpern 31 Paar Nerven zu beiden Seiten der Wirbelsäule aus. Sie verzweigen sich im Bereich des Rumpfes und der Gliedmaßen. Die Rückenmarksnerven stellen eine Verbindung zu allen Teilen des Körpers her, beispielsweise zu den Muskeln und zur Haut.

Über Nervenfasern steht das Rückenmark in enger Verbindung zum Gehirn; es ist eine zentrale Schaltstation (Abb. 2).

Bei Durchtrennung des Rückenmarks im Bereich des Halses können neben der Lähmung der Beine auch Arme und Atemmuskulatur betroffen sein.

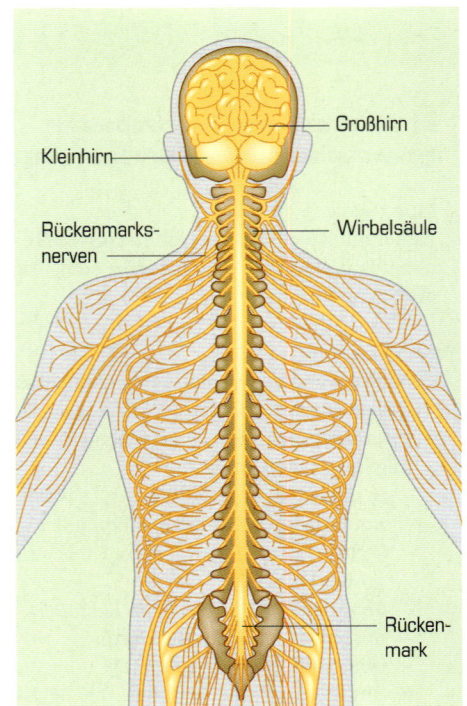

2 ▶ Wirbelsäule und Rückenmark

> **M** Das Rückenmark liegt geschützt im Wirbelkanal der Wirbelsäule.

Wenn das Rückenmark verletzt wird, kann es je nach Schwere zu vorübergehenden oder bleibenden Lähmungen kommen. Völlige Durchtrennung des Rückenmarks führt zur Querschnittlähmung. Liegt die Verletzung z. B. im unteren Brust- oder Lendenwirbelbereich, können die Beine gelähmt sein.

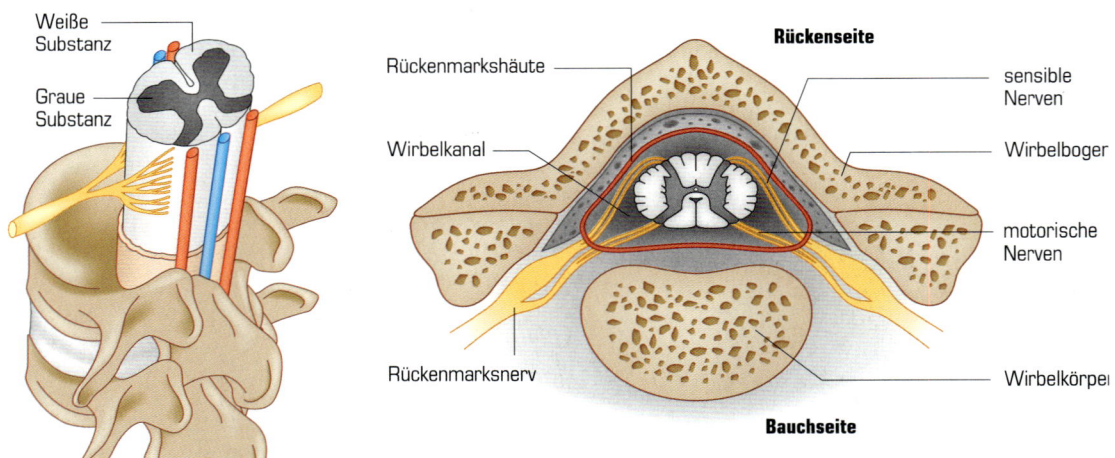

1 ▶ Querschnitt durch Rückenmark und Wirbelsäule

Informationsaufnahme   **Biologie** 35

Reaktionsabläufe und Reflexe

Unbedingte Reflexe

Wenn man sich verschluckt, beginnt man sofort zu husten. Wenn ein Fremdkörper, z. B. eine Fliege, in die Nähe der Augen kommt, schließen sich die Augenlider.

Wenn plötzlich ein greller Lichtstrahl das Auge erreicht, verengt sich sofort die Pupille. Dringt ein Fremdkörper in die Nase ein, beginnt man zu niesen. Gelangt Nahrungsbrei auf den Zungengrund, kommt es zu Schluckbewegungen.

Auf einen bestimmten Reiz folgt eine bestimmte Reaktion. Sie ist unwillkürlich, also wenig von unserem Willen beeinflusst. Solche unwillkürlichen Reiz-Reaktions-Abläufe werden **unbedingte Reflexe** genannt. Jeder Reflex läuft nach einem ähnlichen Schema in einem **Reflexbogen** ab (Abb. 1).

Grundlage für diese unwillkürlichen Reiz-Reaktions-Abläufe sind also die Veränderungen in den betroffenen Sinneszellen, dem zentralen Nervensystem und dem ausführenden Organ (Erfolgsorgan).

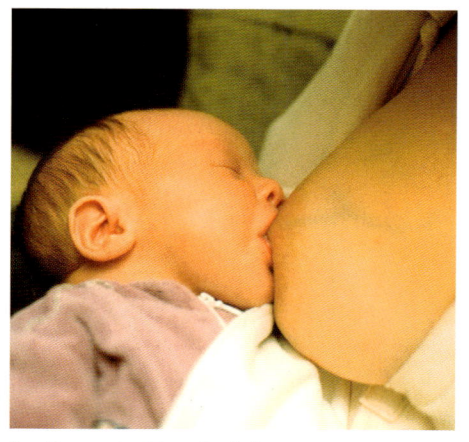

2 ▶ Saugendes Menschenbaby

Der Schluckreflex tritt bei jeder Nahrungsaufnahme auch bei Erwachsenen auf. Vor dem Schluckreflex wird der Speichelreflex ausgelöst. Auch dieser unbedingte Reflex sichert von Geburt an die gute Verdauung der Nahrung.

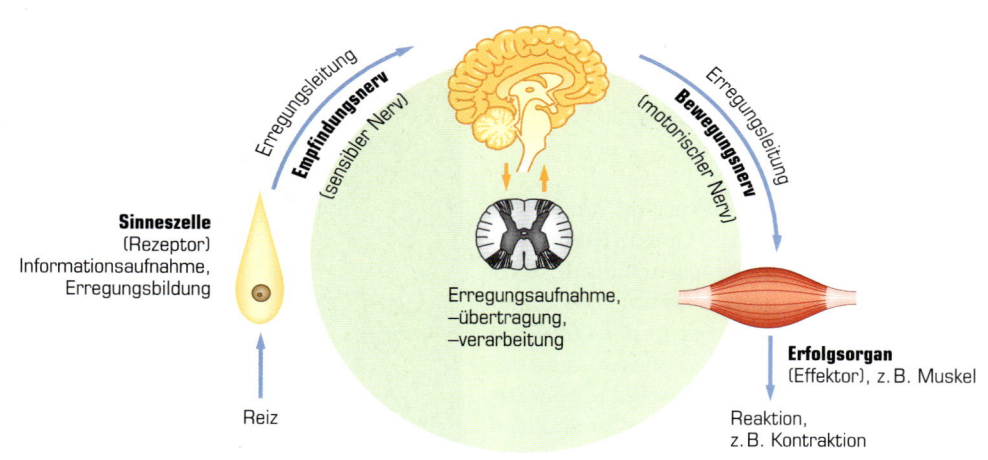

> **Unbedingte Reflexe sind unwillkürliche Reaktionen des Körpers auf einen Reiz. Jeder Reflex hat einen bestimmen Ablauf.**

Wenn ein Kind geboren wird, ist es sofort in der Lage zu saugen (Abb. 2). Angelockt von der Wärme der Milchquelle (Brust), löst die Berührung der Brustwarze mit den Lippen beim Baby die Saugbewegung aus. Diese Reaktion ist der **Saugreflex.**

Die Saugbewegungen müssen mit Schluckbewegungen koordiniert werden.

1 ▶ Ablauf eines Reflexes in einem Reflexbogen

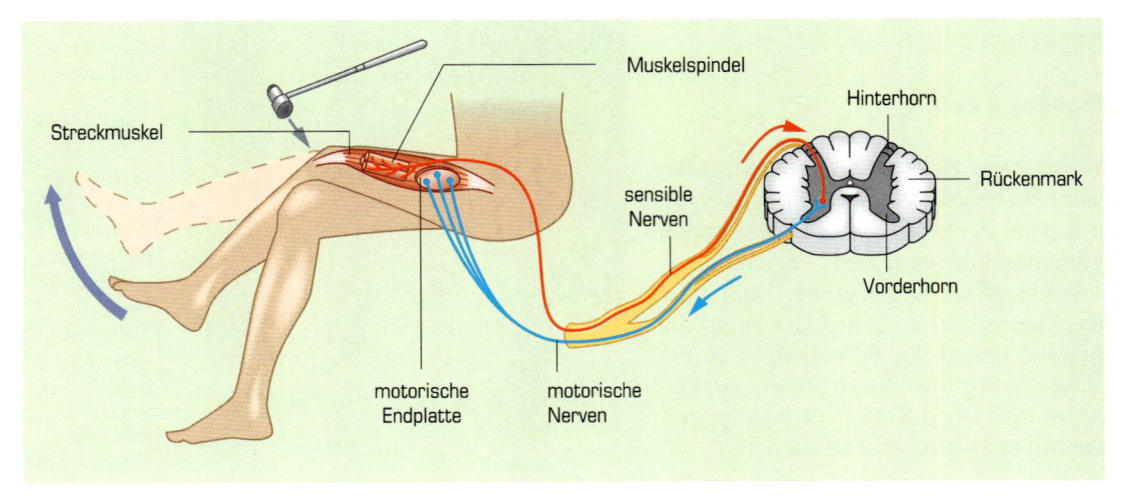

1 ▸ Der Ablauf des Kniesehnenreflexes erfolgt als Reiz-Reaktions-Kette zur Koordination der Muskelbewegung.

Auf einen Gelehrten aus der Pfalz – WILHELM ERB (1840–1921) – geht die Untersuchung des Sehnenreflexes durch Klopfen mit einem Hämmerchen knapp unterhalb des Kniegelenks zurück. Damit wird die Reaktion des Körpers auf Reize überprüft.

Ein weiterer angeborener Reflex ist der **Kniesehnenreflex** (Abb. 1).

Bei Untersuchungen führt der Arzt einen leichten Schlag knapp unterhalb des Kniegelenks aus. Der Schlag trifft als Reiz die Kniesehne unterhalb der Kniescheibe. Die Kniesehne verbindet den Streckmuskel im Oberschenkel mit dem Schienbein. Der Schlag bewirkt eine Dehnung des Streckmuskels.

Durch diese Dehnung werden die Muskelspindeln (spindelförmige Sinnesorgane) erregt. *Sensible Nerven* (Empfindungsnerven) leiten die Erregung in das Rückenmark, das sie auf *motorische Nerven* (Bewegungsnerven) umschaltet. Diese führen über motorische Endplatten zum Streckmuskel zurück, der kontrahiert, und der Unterschenkel schnellt nach vorn (Reaktion).

Die unbedingten Reflexe sind von großer **Bedeutung** für unser Leben. Die Reflexbewegungen sind zwar sehr einfach, doch haben sie eine große Wirkung. Der eingedrungene Fremdkörper in der Luftröhre löst sofort einen Hustenreflex aus und bewahrt auf diese Weise unseren Körper vor dem Ersticken. Halte- oder Stellreflexe sorgen dafür, dass unser Körper ausbalanciert ist.

Unbedingte Reflexe stellen somit **Schutzreaktionen** für unseren Körper dar. Zu den angeborenen Schutzreaktionen gehören auch das **Niesen, Erbrechen** und der **Lidschlussreflex.**

Auf dem Ablauf dieser Reflexe beruhen elementare Lebensfunktionen wie Ernährung, Atmung, Fortpflanzung und Schutz des Körpers. Angeborene Reflexe bleiben meist zeitlebens erhalten.

> Unbedingte Reflexe sind angeborene kurze Reaktionen auf bestimmte Reize. Sie laufen immer in gleicher Weise ab und sind nur gering beeinflussbar.

2 ▸ Niesen ist auch eine Schutzreaktion.

Bedingte Reflexe

Bedingte Reflexe gehören zum erworbenen Verhalten. Auf der Grundlage von angeborenen unbedingten Reflexen und durch gleichzeitiges, wiederholtes Reizangebot entwickeln sich beim Menschen und bei den Tieren Reaktionen auf bestimmte Reize (**Signalreize**). Sie werden im Verlauf des Lebens erworben. Diese Reaktionen nennt man **erworbene Reflexe** oder **bedingte Reflexe**.

Diese Reflexe wurden zuerst von dem russischen Mediziner und Physiologen PAWLOW an Hunden erforscht.

Die Aufnahme von Futter löst beim Hund den **Speichelreflex** und die Abgabe von Magensaft aus (beides unbedingte Reflexe). Leuchtet bei der Futtergabe immer eine Lampe auf, dann reicht nach häufiger Wiederholung schon allein das Aufleuchten der Lampe aus, um die Sekretion (Abgabe) von Speichel und Magensaft auszulösen.

Der Hund lernte, das Licht als Signal für Futter zu erkennen.

> **M** Ein bedingter Reflex entsteht durch wiederholte zeitliche und/oder räumliche Verbindung unbedingter Reflexe mit einem neuen Reiz (Signalreiz).

Bedingte Reflexe haben auch bei vielen **Tierdressuren** (Abb. 1) und beim Verhalten des Menschen Bedeutung.

In verantwortungsvollen Tierdressuren werden die bedingten Reaktionen auf dem natürlichen Verhalten der Tiere aufgebaut. So springen *Delfine* oft und gern aus dem Wasser (angeborenes Verhalten). Dieses Verhalten wird bei der Dressur genutzt, um sie z. B. durch einen Ring springen zu lassen. Die *Delfine* werden danach gefüttert, d. h., sie werden für das Lernen einer Reaktion belohnt, und damit lernen sie aufgrund **positiver Erfahrungen**.

Bedingte Reaktionen durch positive Erfahrungen finden auch beim *Menschen* statt. „Mir läuft das Wasser im Mund zusammen", ist eine häufige Redewendung, wenn man von einer Speise hört, die man schon einmal selbst gekostet hat und die sehr gut geschmeckt hat. Das Beschreiben der Speise löst also schon den Speichelfluss aus.

Negative Erfahrungen (z. B. Bestrafungen oder körperliche Beeinträchtigungen) können sehr schnell und nachhaltig bedingte Reaktionen auslösen. Beispielsweise löst das *Anfassen des heißen Ofens beim unerfahrenen Kind* Schmerz und Zurückziehen der Hand aus. Die typischen Merkmale eines heißen Ofens werden später immer wieder eine Rückziehreaktion zur Folge haben.

Auch wenn man lange Zeit den *gleichen Tagesrhythmus* für Aufstehen, Mittagessen, Abendessen, Schlafengehen einhält, entwickeln sich erworbene Reaktionen. Der Körper stellt sich durch Wachsein, Hungergefühl, Müdigkeit auf diesen Rhythmus ein. Wird der zeitliche Ablauf des Tages dauernd geändert, erlöschen die erworbenen Reaktionen. Wird der Tagesablauf wieder rhythmisch gestaltet, entwickeln sich auch wieder zu den bestimmten Zeiten die erworbenen Reaktionen wie Wachsein, Hunger, Müdigkeit.

IWAN P. PAWLOW (1849–1936) erhielt im Jahre 1904 den Nobelpreis für Medizin und Physiologie.

1 ▸ Dressur von Delfinen (Schwertwal)

Erkrankungen und Gesunderhaltung des Nervensystems

Erkrankungen des Nervensystems

Werden unsere Sinneszellen sehr lange und zu stark erregt, bewirkt diese **Reizüberflutung** eine Schädigung der Sinneszellen und damit auch des Nervensystems. Da das Nervensystem auch die Tätigkeit der inneren Organe steuert, führt eine zu hohe nervliche Beanspruchung z. B. auch zu Magen-Darm- und Herz-Kreislauf-Erkrankungen.

Schlägt man bei einem Sturz mit dem Kopf auf einen festen Gegenstand oder auf den Boden auf, kann eine **Gehirnerschütterung** die Folge sein. Der Verletzte ist oftmals bewusstlos, muss sich erbrechen, leidet unter Schwindelgefühlen und Kopfschmerzen. Unbedingte Bettruhe ist erforderlich.

Werden motorische Nervenbahnen durchtrennt oder Nervenzellkörper zerstört, kommt es zu **Lähmungen.** Die Verletzten können ihre Muskeln nicht mehr bewegen. Wird z. B. durch einen Kopfsprung in unbekanntes Gewässer die Wirbelsäule mit dem Rückenmark verletzt, kann eine Querschnittlähmung auftreten. Je nach der Höhe der Rückenmarksverletzung treten völlige Lähmung und Empfindungslosigkeit in den tieferen Körperabschnitten ein. Eine Heilung ist nicht mehr möglich. Zeitlebens sind die Erkrankten auf einen Rollstuhl angewiesen.

Wird unser Körper insgesamt überfordert, z. B. durch Ärger in der Schule, im Beruf, in der Familie, durch persönliche Konflikte und Probleme, kann dies zu **nervlichen Erkrankungen** führen.

Gesunderhaltung des Nervensystems

Eine wichtige Maßnahme zur Gesunderhaltung des Nervensystems und damit des gesamten Körpers ist die **Einhaltung eines bestimmten Tagesablaufs.** Viele unserer Lebensprozesse im Körper verlaufen im regelmäßigen Rhythmus, z. B. Herzmuskeltätigkeit, Atmungstätigkeit, Wechsel von Schlaf- und Wachzustand.

Auch die Leistungsfähigkeit des Menschen schwankt im Tagesablauf. So sollte darauf geachtet werden, dass am Tag ein ausreichender Wechsel von Arbeit und Erholung sowie Freizeitgestaltung (Abb. 1) eingehalten wird. Unregelmäßige Zeiteinteilung und große Hektik führen zu nervösen Störungen.

1 ▶ Sinnvolle Freizeitgestaltung dient der Gesunderhaltung des Nervensystems.

Informationsaufnahme

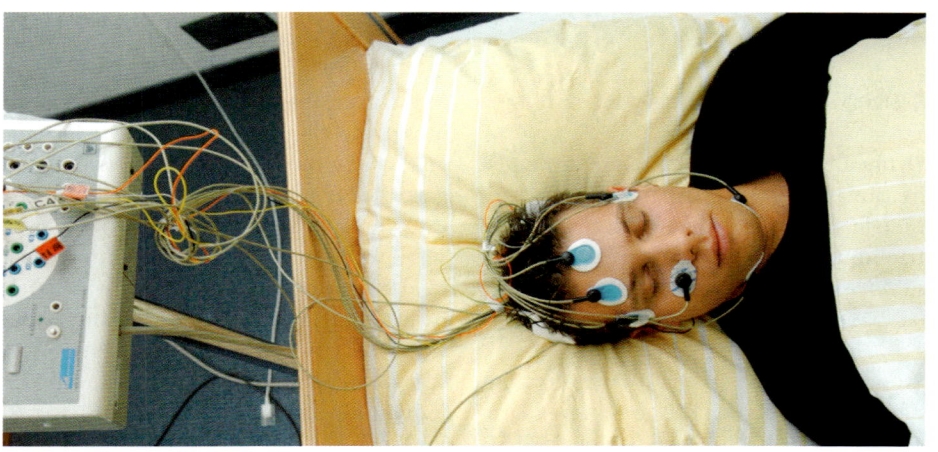

Biologie 39

1 ▶ Durch Ableiten und Aufzeichnen der elektrischen Impulse des Gehirns (EEG; Elektroenzephalogramm), durch Messungen der Augenbewegungen und der Muskelspannung kann man die verschiedenen Schlafphasen erforschen.

Besonders wichtig für die Gesunderhaltung unseres gesamten Körpers ist ausreichender **Schlaf**. Der Mensch verbringt ca. ein Drittel seines Lebens im Schlaf. Er stellt eine lebensnotwendige Aufbau- und Erholungsphase unseres Körpers dar.

Totaler Schlafentzug für eine Nacht hat noch keinen Leistungsabfall zur Folge. Bei Schlafentzug über 48 Stunden zeigen sich Erschöpfungssymptome, z. B. das Reaktionsvermögen ist verlangsamt, die Lernfähigkeit eingeschränkt. Die Koordinierung der Bewegungen verringert sich. Traumbilder (Halluzinationen) können im Wachzustand auftreten. Diese Erscheinungen verlieren sich wieder nach 10 bis 13 Stunden Schlaf.

Die **Schlafdauer** hängt von bestimmten Gewohnheiten und auch Umweltbedingungen ab. Fest steht, dass der tägliche Schlafbedarf abhängig vom Lebensalter, vom Beruf und den Lebensgewohnheiten ist (s. Tab.).

Schlafdauer in Stunden pro Tag	
Neugeborene	bis 16
Kleinkinder (bis 9 Jahre)	ca. 11
Jugendliche (14–19 Jahre)	ca. 8–9
Erwachsene (bis 45 Jahre)	ca. 7
ältere Menschen (bis 70 Jahre)	ca. 6

Im Schlaf sind gegenüber dem Wachzustand zahlreiche Körperfunktionen verändert. Es sinken z. B. Herzfrequenz, Blutdruck und Körpertemperatur, das Bewusstsein ist eingeschränkt, die Augen sind geschlossen, die Muskelspannung lässt nach.

Während des Schlafes treten verschiedene **Schlafphasen** auf. Es werden unterschieden Einschlafphase, leichter Schlaf und Tiefschlaf. In der Tiefschlafphase erholen sich das Nervensystem, die Muskeln und Organe. Reservestoffe werden gebildet und Energie „aufgefüllt".

Ursachen von **Schlafstörungen** können Lärm, Übermüdung, Schmerzen, quälende Gedanken, aber auch tiefgreifende Konflikte und Erkrankungen sein. Schlafstörungen mit **Schlaf- oder Beruhigungsmitteln** zu beseitigen bringt keinen Erfolg, höchstens eine kurzzeitige Besserung. Besonders gefährlich ist die Einnahme von Drogen sowie der **Missbrauch von Medikamenten.**

> Voraussetzung für die Gesunderhaltung des Nervensystems ist ein richtiger Tagesablauf in Bezug auf Arbeit und Erholung, Freizeit, Körperpflege, Essen, Schlafen und Wachsein.

Beeinträchtigung der Informationsverarbeitung durch Drogen

Sucht ist die krankhafte, zwanghafte Abhängigkeit von Suchtmitteln, das ständige Verlangen nach einer erneuten Einnahme dieser Stoffe, um ein bestimmtes Glücksgefühl zu erreichen oder Unlust- und Angstgefühle zu vermeiden.

Drogen, Sucht und Abhängigkeit

Drogen oder **Suchtmittel** sind Stoffe, die in die natürlichen Lebensprozesse des menschlichen Körpers eingreifen. Sie beeinflussen die Wahrnehmungen, Gefühle und Stimmungen des Menschen (Abb. 1).

Wenn man den Begriff Drogen hört, denkt man zuerst an die verbotenen Drogen wie Haschisch, Heroin, Kokain, LSD und Ecstasy. Aber auch Alkohol, Nikotin und verschiedene Medikamente gehören zu den Drogen.

Die Ursachen des Suchtmittelgenusses sind vielfältig. Sie können auf persönlichen oder gesellschaftlichen Gründen beruhen. Am Anfang steht oftmals der Wunsch, sich wohl oder besser zu fühlen.

Manche Drogen erzeugen Hochstimmung und Glücksgefühle, andere beruhigen, wiederum andere putschen auf, steigern die Erregung, verändern das Denken und die Sinneswahrnehmungen.

Die Drogenwirkung hängt vom jeweils eingenommenen Stoff ab. Sie wird auch beeinflusst von der Dauer der Einnahme, von der eingenommenen Dosis sowie von persönlichen Stimmungen und der individuellen körperlichen Verfassung. Im Laufe der Zeit benötigt der Körper immer mehr des Suchtmittels.

Schließlich hat der Drogenkonsument ständig das Verlangen, erneut die Droge einzunehmen. Man sagt, der Mensch ist **„süchtig"**.

Diese Sucht nach bestimmten Drogen führt letztendlich zu einer seelischen und auch körperlichen **Abhängigkeit.**

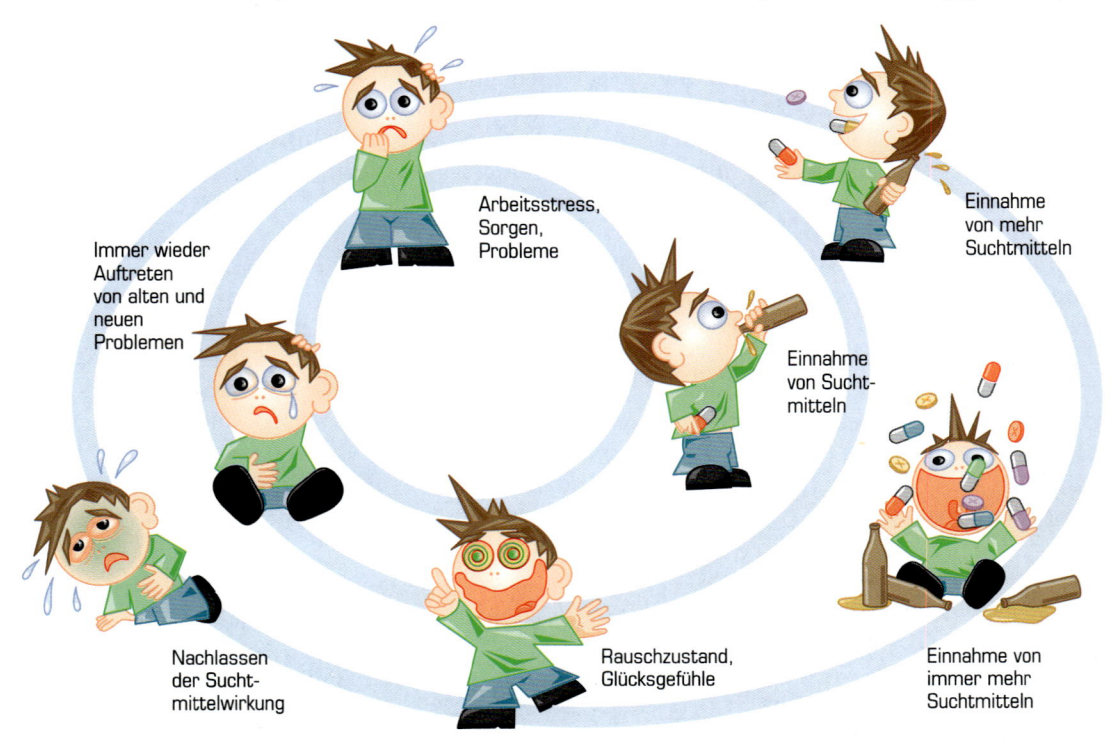

1 ▶ Entstehung der seelischen und körperlichen Abhängigkeit von Drogen – ein Teufelskreis

Legale und illegale Drogen

Es werden **legale** („erlaubte") und **illegale** (verbotene) Drogen unterschieden.

Alkohol ist ein Genussmittel und außerdem eine **legale Droge**.

Sicherlich hat jeder schon einmal erlebt, dass einige Menschen nach Einnahme von Alkohol lustig werden, kontaktfreudig sind und ihre Hemmungen verlieren. Andere dagegen werden aggressiv, laut, sind gereizt oder zeigen nur noch langsame Bewegungen und ein nachlassendes Reaktionsvermögen.

Regelmäßige Einnahme von Alkohol führt wie bei anderen Drogen zur *seelischen und körperlichen Abhängigkeit*. Der **Alkoholsüchtige** (Alkoholkranke) kann nach einiger Zeit nicht mehr auf Alkohol verzichten.

Typische Verhaltensänderungen von Alkoholkranken sind heimliches Trinken, Schuldgefühle, Aggressivität und auch nachlassendes Verantwortungsgefühl.

Länger andauernder Alkoholmissbrauch hat die **Schädigung innerer Organe** (Abb. 1) zur Folge. Letztendlich führt Alkoholmissbrauch zu Wahnvorstellungen und geistigem Verfall.

Besonders gefährdet durch Alkohol sind Ungeborene im Mutterleib sowie auch Kinder und Jugendliche. Bei ihnen wirken schon geringe Mengen. Laut Jugendschutzgesetz darf zwar an keinen Jugendlichen unter 16 Jahren Alkohol verkauft oder ausgeschenkt werden, aber oft wird gegen diese Bestimmung verstoßen.

Zu den **illegalen Drogen** gehören u. a. *Haschisch, Marihuana, Heroin* und *Kokain,* aber auch die künstlich hergestellten Drogen wie *Ecstasy*. Der Besitz und Vertrieb sowie die Herstellung von **illegalen Drogen** ist in der Bundesrepublik Deutschland nach dem Betäubungsmittelgesetz verboten.

Haschisch und **Marihuana** werden aus den Blättern und Blüten der Hanfpflanze gewonnen. Die meist mit Sand, Staub und Fett gestreckten Pflanzenteile werden in der Regel geraucht, aber auch als Tee getrunken. Diese Drogen bewirken gehobene Stimmung, Wohlbefinden sowie oftmals gesteigerte Kontaktfreudigkeit. Nach längerem Einnehmen führen sie zum Nachlassen der Konzentrations- und Leistungsfähigkeit, ja sogar zu Depressionen.

Seit einigen Jahren gibt es die **Szenendroge Ecstasy.** Diese Droge wird als Tablette oder Kapsel geschluckt. Sie verursacht Sinnestäuschungen, wirkt leistungssteigernd und verdrängt Ermüdungserscheinungen des Körpers.

Die Wirkung der Droge Ecstasy beginnt etwa 20 bis 60 Minuten nach der Einnahme und hält 3 bis 4 Stunden an. Auftretende Neben- und Nachwirkungen wie erhöhter Blutdruck, Übelkeit, Verengung der Herzkranzgefäße können zu Herzrhythmusstörungen führen.

Kokain ist ein Stoff, der aus den Blättern des in Südamerika wachsenden Kokastrauchs gewonnen wird. Es gehört zu den ältesten Drogen, z. B. kauten die Indianer schon vor mehreren Tausend Jahren die Blätter des Kokastrauchs zu besonderen Anlässen als Aufputschmittel.

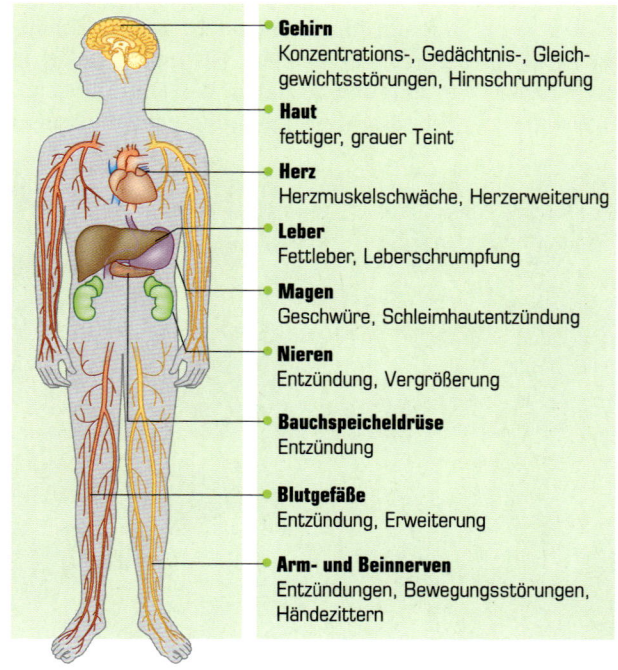

Gehirn
Konzentrations-, Gedächtnis-, Gleichgewichtsstörungen, Hirnschrumpfung

Haut
fettiger, grauer Teint

Herz
Herzmuskelschwäche, Herzerweiterung

Leber
Fettleber, Leberschrumpfung

Magen
Geschwüre, Schleimhautentzündung

Nieren
Entzündung, Vergrößerung

Bauchspeicheldrüse
Entzündung

Blutgefäße
Entzündung, Erweiterung

Arm- und Beinnerven
Entzündungen, Bewegungsstörungen, Händezittern

1 ▶ Alkohol zerstört innere Organe.

Hilfe bei Drogenproblemen

Ein **„intaktes" Familienleben** ist sehr wichtig für Kinder und Jugendliche, um nicht drogensüchtig zu werden. In der Kindheit ist die Familie oft der „Schutzhafen". Die Kinder fühlen sich geborgen. Auch Jugendliche brauchen die Familie als „Heimathafen". Dieser gibt ihnen immer wieder Kraft, um Schwierigkeiten, z. B. in Schule und Beruf, zu meistern. Er gibt aber auch Trost und Halt, wenn sie Enttäuschungen z. B. mit dem Freund oder der Freundin erleben.

Die Jugendlichen brauchen die Eltern als Weggefährten und als Gesprächspartner. Wenn sie wissen, dass sie zu Hause verständnisvolle, auch manchmal kritische Partner haben, kommen sie gern von selbst immer wieder ins Elternhaus zurück. Solche Jugendlichen, die eigene Konflikte auf diese Weise partnerschaftlich lösen, brauchen nicht auf Suchtmittel oder auf Gewalttaten zurückzugreifen.

Die Chance, „erfolgreich" gegen eine Suchtgefährdung oder Drogenabhängigkeit vorzugehen, ist umso größer, je früher und gezielter die Hilfe einsetzt. Hilfe für Menschen mit Suchtproblemen geben **Beratungsstellen.** Dort arbeiten ausgebildete und erfahrene Berater, z. B. Ärzte, Sozialarbeiter (Abb. 1), Psychologen und Therapeuten. In der Regel wird mit den Eltern erst ein persönliches Beratungsgespräch geführt. Dann kommt der Suchtgefährdete oder Suchtabhängige entweder allein, mit Freunden oder in Begleitung der Eltern zum Gespräch. Wichtig ist das eigene Wollen des Rat- bzw. Hilfesuchenden und seine aktive Mitarbeit. Gemeinsam wird versucht, die Ursachen der Schwierigkeiten oder Konflikte zu finden und entsprechende Therapiepläne aufzustellen und zu realisieren.

Neben Beratungsstellen gibt es weitere Einrichtungen und Organisationen zur Suchtberatung und -behandlung, Gesundheitsförderung und Vorbeugung. Dazu gehören u. a. der **„Elternkreis drogengefährdeter und drogenabhängiger Jugendlicher".** Elternkreise dienen dem gegenseitigen Austausch von guten wie schlechten Erfahrungen im Kampf gegen die Abhängigkeit der Kinder.

Es gibt auch eine Reihe von **Selbsthilfegruppen,** in denen sich Menschen treffen, die Suchtmittel einnehmen oder eingenommen haben. Ziel dieser Gruppen ist es, sich durch gegenseitige Hilfe dabei zu unterstützen, von dem jeweiligen Suchtmittel loszukommen. Beratungsstellen, andere Einrichtungen oder Organisationen, die Rat und Hilfe bei Suchtmittelgefährdung oder -abhängigkeit anbieten, gibt es sowohl in großen und mittleren als auch in vielen kleinen Städten. Auch in Deutschland gibt es ein relativ enges Netz von Beratungsstellen.

1 ▶ Sozialarbeiter beraten Jugendliche.

> Zahlreiche Einrichtungen und Organisationen geben Hilfe bei Suchtgefährdung oder Drogenabhängigkeit.

gewusst · gekonnt

1. Wende das Erschließungsfeld „Struktur und Funktion" auf die Nervenzelle an.

2. Betrachte mit einer Lupe oder mithilfe eines Mikroskops einen Querschnitt des Rückenmarks (Dauerpräparat). Zeichne das Objekt und beschrifte die Zeichnung.

3. Das Gehirn des Menschen besteht aus fünf Abschnitten.

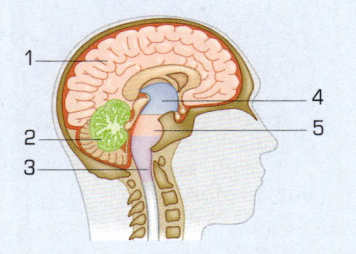

   Benenne die Gehirnabschnitte und gib ihre wichtigsten Funktionen an. Fertige eine Tabelle an.

4. Gehirn und Rückenmark bilden das Zentralnervensystem. Stelle beide in einer Tabelle nach folgenden Gesichtspunkten gegenüber: Schutz, Lage der grauen und weißen Substanz, allgemeiner Bau, allgemeine Funktion.

5. Die Leitungsgeschwindigkeit der Informationen eines mit schwannschen Zellen umgebenen Axons ist wesentlich höher als ohne diese Umhüllung. Mehr als 100 m pro Sekunde vermag eine Information im Organismus über die Nervenfasern zurückzulegen.
   a) Rechne diesen Wert in Kilometern pro Stunde um. Vergleiche die errechnete Geschwindigkeit mit der Geschwindigkeit eines Kleinwagens.
   b) Begründe die höhere Geschwindigkeit.

6. Ein Fünftel aller Schlangenarten bildet Gift. Sie setzen es zum Beuteerwerb oder zur Verteidigung ein. Manche Gifte beeinflussen z. B. an den Synapsen die Erregungsübertragung von Nervenzellen auf die Muskulatur. Das Gift des australischen Taipans (Taipoxin) verhindert die Freisetzung des Transmitters Acetylcholin. Das Kobragift verhindert an der Empfängerzelle die kurzzeitige Bindung des Überträgerstoffs und damit die Auslösung neuer elektrischer Impulse.
   a) Beschreibe den Aufbau und die Funktionsweise einer Synapse.
   b) Erkläre die Wirkung beider Schlangengifte.

7. Das Berühren eines heißen Gegenstands und die daraus folgende Reaktion verläuft reflektorisch, bildet also einen Reflexbogen. Im Experiment kann man, ohne sich zu verletzen, diesen unbedingten zu einem bedingten Reflex erweitern, indem kurz vor Berühren des heißen Gegenstands ein Signalton erklingt.
   a) Stelle den allgemeinen Verlauf eines Reflexes als Reflexbogen in einem Schema dar.
   b) Füge das oben genannte Beispiel – Berühren eines heißen Gegenstands – in das Schema ein.
   c) Ergänze im Schema die Auswirkungen beim Erklingen des Signaltons.
   d) Vergleiche in tabellarischer Form unbedingte und bedingte Reflexe.

8. Bei plötzlicher Annäherung einer Fliege schließen sich unwillkürlich deine Augenlider. Beschreibe den Ablauf dieses Reflexes.

9. Erläutere, wie es zur Herausbildung des „Teufelkreises" bei Drogenabhängigkeit (s. S. 40) kommen kann.

Das Wichtigste auf einen Blick

Informationsverarbeitung im Zentralnervensystem (Gehirn, Rückenmark)

Kleinstes Bauelement des Zentralnervensystems ist die **Nervenzelle.** Sie dient der Aufnahme, Weiterleitung und Verarbeitung von Erregungen.

Das weiche **Gehirn** liegt geschützt in der Schädelkapsel. Es besteht aus fünf Abschnitten.
Im Gehirn werden alle Erregungen aufgenommen, verarbeitet, teilweise gespeichert (Gedächtnis) und auf andere Nerven übertragen. In ihm vollziehen sich alle Vorgänge unseres bewussten Fühlens, Denkens und Handelns.

Das **Rückenmark** liegt geschützt im Wirbelkanal der Wirbelsäule. Nerven des Rückenmarks führen in alle Teile des Körpers und zum Gehirn.
Es ist ein Reflexzentrum.

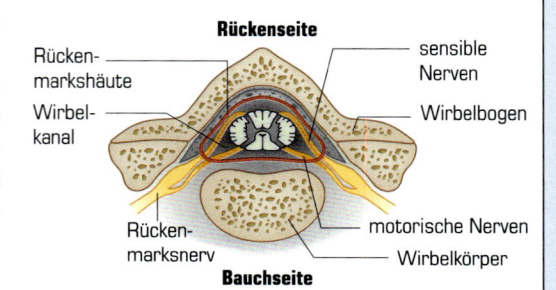

Reflexe

Unbedingte Reflexe sind angeborene unwillkürliche Reaktionen des Körpers auf einen Reiz.
Jeder Reflex läuft in einem **Reflexbogen (einer Reiz-Reaktions-Kette)** ab.
Sie sind oftmals Schutzreaktionen und bedingen den Ablauf von Lebensfunktionen.
Bedingte (erworbene) Reflexe sind Voraussetzung für Lernprozesse sowie für die Speicherung und Verarbeitung von Informationen.

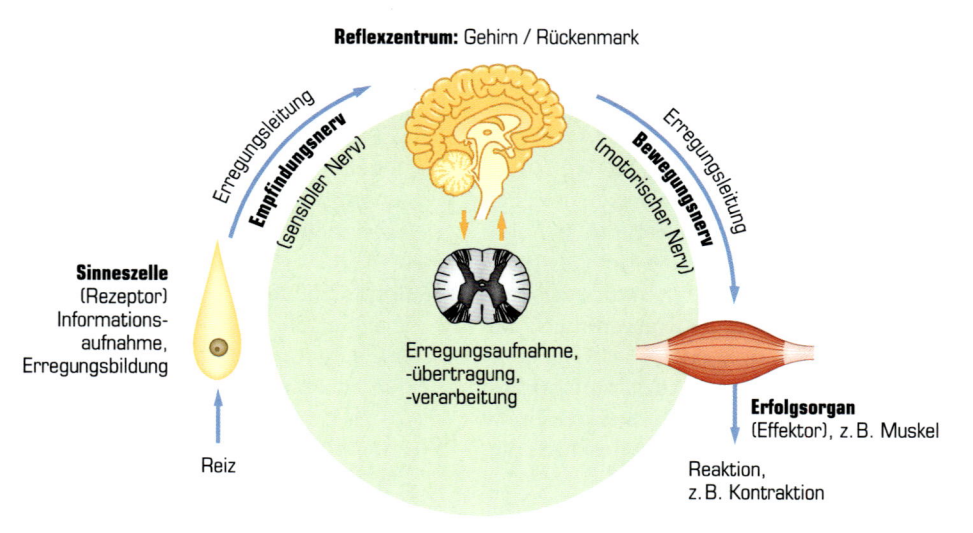

1.3 Das Hormonsystem

Riesen und Zwerge ▸▸ Solange es Menschen gibt, wird es Riesen und Zwerge geben. Die größten derzeit lebenden Menschen sind 2,31 m groß. Dazu gehört u. a. die Amerikanerin Sandy Allen. Der kleinste lebende Mensch misst dagegen nur 57 cm. Es ist der Inder Gul Mahammad. Zum Vergleich: Ein Neugeborenes ist im Durchschnitt 50 cm lang.

100 Gründe für Riesen- und Zwergenwuchs ▸▸ Für den Kleinwuchs gibt es vielerlei Ursachen, u. a. Störungen während der Schwangerschaft, Organerkrankungen, Fehlbildungen der Knochen, aber auch Stoffwechsel- oder Hormonstörungen.

Hormone als Informationsüberträger ▸▸ Während Nerven in Bruchteilen von Sekunden Informationen übermitteln, brauchen Hormone dafür oft viele Minuten, sogar Stunden.

Hormone – die Boten des Körpers

Die Hormone werden direkt in das Innere (innen = endo), also direkt in das Blut abgegeben (krine = sondere ab). Deshalb nennt man die Hormondrüsen endokrine Drüsen und das Hormonsystem endokrines System.

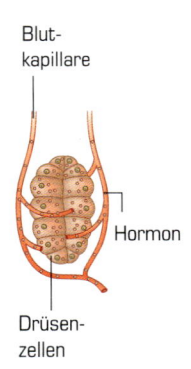

Abb. 1 ▸ Hormondrüse

Ob die Entwicklung im Mutterleib komplikationslos verläuft, das Wachstum nicht zu früh und nicht zu spät beendet wird, ob man in der Pubertät von geringen oder größeren Hautunreinheiten geplagt wird, ob man gut gelaunt oder eher gereizt reagiert, wie man Stresssituationen meistert, alles das ist unter anderem eine Frage von lebenswichtigen Signalstoffen, den **Hormonen.**

Es gibt kaum einen Prozess, an dem diese chemischen Verbindungen, die schon in unvorstellbar niedrigen Konzentrationen wirken, nicht beteiligt sind. Hormone steuern alle Lebensprozesse, wie den Stoff- und Energiewechsel, das Wachstum, die Schwangerschaft und Geburt, beeinflussen das Immunsystem, wirken auf Organe und Nerven.

Das Hormonsystem stellt neben dem Nervensystem das zweite Informationssystem des Körpers dar. Während die Informationsübertragung durch das Nervensystem blitzschnell geschieht (nur Bruchteile einer Sekunde), verläuft die Signalübermittlung über Hormone viel langsamer, einige Sekunden bis zu mehreren Stunden. Die Wirkung hält jedoch länger an, weil die Informationsübertragung durch die Struktur chemischer Substanzen realisiert wird.

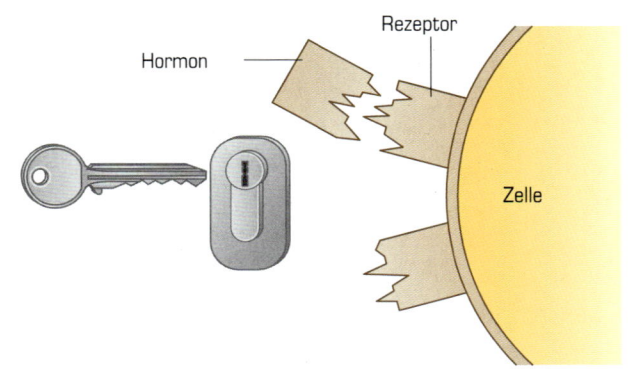

2 ▸ Ein Hormon passt zu einem Rezeptor wie ein Schlüssel in sein Schloss.

Die vielen unterschiedlichen Prozesse werden jeweils durch ganz bestimmte Hormone ausgelöst oder beeinflusst.

Die Hormone werden in **Hormondrüsen** produziert und bei Bedarf direkt in die Blutbahn abgegeben (Abb. 1). Über das Blut gelangen sie zu den jeweiligen Zielorten, ihren Wirkungsorten.

Obwohl die Hormone durch das Blut im gesamten Organismus verteilt werden, können nur die Zellen der Zielorte die Information empfangen und verwerten. Jedes Hormon besitzt nämlich eine spezifische chemische Struktur. Deshalb kann sich jedes Hormon nur an bestimmte Zellen des Zielorts anlagern, weil nur diese eine passende Stelle (Rezeptor) für die Anlagerung besitzen. Erst dann wird in der Zelle eine Reaktion ausgelöst.

Dies funktioniert nach dem **„Schlüssel-Schloss-Prinzip"**, d.h., durch die spezifische chemische Struktur des Hormons (Schlüssel) kann es sich nur an solche Zellen anlagern, die den entsprechenden Rezeptor (Schloss) besitzen (Abb. 2).

Durch diese Anlagerung kann das Hormon Reaktionen in der Zelle auslösen. Hormone wirken also in spezifischer Weise in bestimmten Zellen, Geweben oder Organen. Sie sind wirkungsspezifisch. Hormone wirken schon in geringen Mengen anregend oder hemmend auf die Lebensprozesse. Sie haben also einen hohen Wirkungsgrad.

> **Hormone sind chemische Signalstoffe, die Lebensprozesse in unserem Körper steuern und koordinieren.**
> **Sie werden in Hormondrüsen produziert, direkt in das Blut abgegeben und durch das Blut zu den spezifischen Wirkungsorten transportiert.**

Überblick über das Hormonsystem

Hormondrüsen liegen im Körper verteilt. Dazu gehören Hirnanhangdrüse (Hypophyse), Nebenschilddrüsen, Schilddrüse, Nebennieren, Bauchspeicheldrüse, Thymusdrüse und Keimdrüsen (Eierstöcke und Hoden; Abb. 1).

Im Hormonsystem hat die **Hirnanhangdrüse** (Hypophyse) eine übergeordnete Rolle. Sie hat ungefähr die Größe eines Kirschkerns und ist über einen Stiel mit dem Hypothalamus, einem Bereich des Zwischenhirns, verbunden. Über den Hypothalamus besteht die Verbindung des Hormonsystems mit dem Nervensystem.

Die Hirnanhangdrüse produziert nur wenige Milligramm Hormone pro Tag.

Diese geringe Menge genügt, um sowohl direkt Prozesse im Körper auszulösen (z. B. das Wachstum durch das somatotrope Hormon STH) als auch andere Hormondrüsen zur Tätigkeit anzuregen, z. B. Nebennieren, Schilddrüse, Keimdrüsen.

Die Hypophysenhormone bewirken die Abgabe von Hormonen der anderen Hormondrüsen im Körper. Diese Hormone wirken nun direkt auf den Körper ein. Bestimmte Stoffwechseleinstellungen werden dabei verändert.

Zwischen den Hormondrüsen und der Hirnanhangdrüse besteht außerdem eine Rückkopplung. Wenn die zu regulierenden Größen sich geändert haben, wird die Hormonproduktion der Hirnanhangdrüse zur Anregung der Hormondrüsen wieder reduziert.

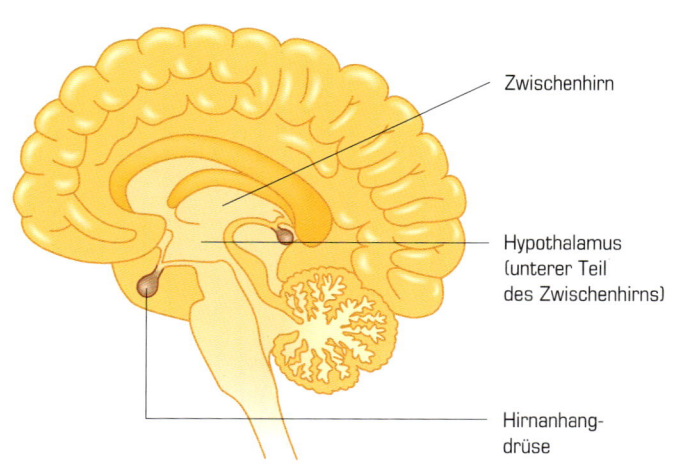

1 ▸ Lage von Hirnanhangdrüse und Hypothalamus

Die Stoffwechselgleichgewichte können aber auch gestört sein, z. B durch Über- oder Unterproduktion von Drüsen (s. a. S. 49). Bei einer Überproduktion des Cortisols (Hormon der Nebenniere) kann es zu ungleicher Fettverteilung im Körper und roten Streifen auf der Haut kommen.

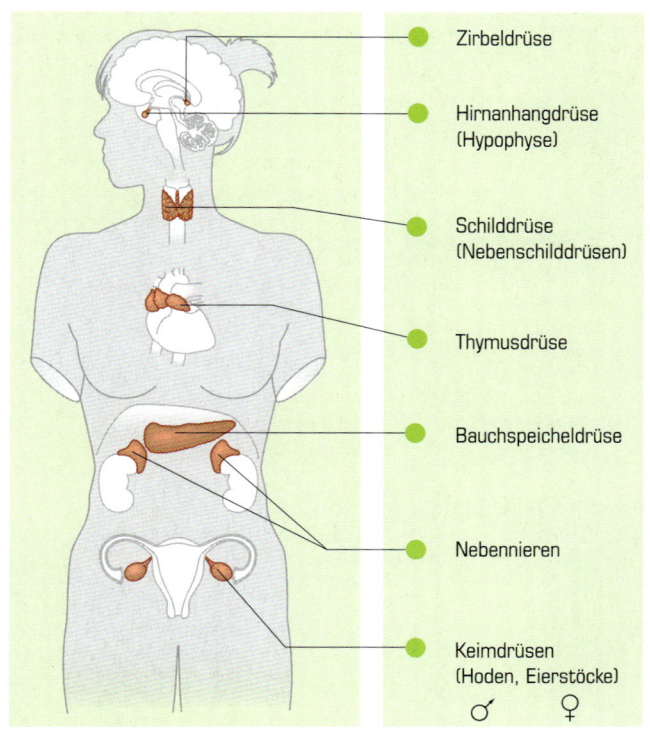

> Durch Wechselwirkungen zwischen den Teilen des Hormon-, aber auch des Nervensystems werden die Stoffgleichgewichte aufrechterhalten. Der Körper passt sich an die jeweils aktuellen Bedingungen an.

1 ▸ Lage der Hormondrüsen im menschlichen Körper

Hormondrüsen	Produzierte Hormone (Beispiel)	Wirkungen der Hormone (Beispiele)
Hirnanhangdrüse (Hypophyse)	Wachstumshormone (STH)	Regulation des Körperwachstums
	Verschiedene Hormone wie schilddrüsenanregendes Hormon (TSH), nebennierenanregendes Hormon (ACTH), follikelstimulierendes Hormon (FSH), luteinisierendes Hormon (LH)	Anregung anderer Hormondrüsen, z.B. Schilddrüse, Nebennieren, Keimdrüsen
Schilddrüse	Thyroxin	Steuerung des Stoff- und Energiewechsels im Organismus (Aktivierung)
Nebenschilddrüsen (8 kleine Epithelkörperchen)	Parathormon	Beeinflussung des Calcium- und Phosphorstoffwechsels (Regelung des Calciumwerts im Blut im Zusammenhang mit den Kalkverbindungen in den Knochen)
Thymusdrüse	Thymosin	Förderung der Abwehr gegen Infektionen, Beeinflussung des Immunsystems
Nebennieren Mark	Adrenalin	„Stresshormon"; Blutdrucksteigerung, Erhöhung von Blutzuckerspiegel und Schlagfrequenz des Herzens, Beeinflussung der Atmung, Glykogenabbau
Rinde	Kortikoide (Rindenhormone)	Regelung des Wasser- und Salzhaushalts, Entzündungshemmung, Hemmung von Antikörperbildung und allergischen Reaktionen
Bauchspeicheldrüse (langerhanssche Inseln)	Insulin	Senkung des Blutzuckerspiegels, Glykogenbildung
	Glucagon	Erhöhung des Blutzuckerspiegels, Glykogenabbau
Keimdrüsen Eierstöcke	Östrogene Gestagene (Progesteron)	Förderung der Eizellenbildung und -reifung, Förderung der Ausprägung sekundärer Geschlechtsmerkmale und sexueller Aktivität, Steuerung des Menstruationszyklus und der Schwangerschaft
Hoden	Androgene (Testosteron)	Förderung der Ausprägung sekundärer Geschlechtsmerkmale und sexueller Aktivität, Förderung der Samenzellenbildung

Wenn die Drüsen verrückt spielen

Es ist dunkel. Da verlangt doch der Vater tatsächlich, den Werkzeugkasten aus dem Keller zu holen. Und die Glühbirne ist kaputt. Beim Runtergehen sind alle Sinne auf das Äußerste gespannt. Da knackt es, dort raschelt es. Der Angstschweiß bricht aus. In einem Affenzahn ergreift man den Werkzeugkasten und rast nach oben, ans rettende Licht.

Die Situation ist an sich nicht gefährlich gewesen. Aber in solch unheimlichen Situationen registriert das Nervensystem (mithilfe unserer Ohren) eine angebliche Gefahr. Es signalisiert dem Hormonsystem zu reagieren. Und das reagiert: Es schüttet u. a. Adrenalin aus dem Nebennierenmark aus. Dieses Hormon und andere bewirken, dass das Herz schneller schlägt, der Blutdruck steigt und die Durchblutung der Muskulatur gesteigert wird.
Es werden also Energiereserven im Körper freigesetzt, um diese Gefahrensituation zu bewältigen. Bei einer wirklichen Gefahr ist das eine super Sache.
Aber auch in anderen Fällen sind unsere Hormone aktiv: beim Vorsingen vor großem Publikum, beim Lösen einer komplizierten Matheaufgabe an der Tafel – das Herz schlägt schneller, der Blutdruck steigt.

In der Regel werden die Hormone nach „getaner Arbeit" relativ schnell wieder abgebaut. Manchmal funktioniert das nicht und die Hormondrüsen produzieren fleißig weiter. Dann liegt eine Fehlfunktion vor und die kann Folgen haben.

Spielt die **Schilddrüse** verrückt und arbeitet zu wenig, fühlt man sich schlapp, man hat null Bock auf irgendetwas. Eine *Überfunktion* der Schilddrüse zeigt sich in gegenteiligen Symptomen, u. a. mit Unruhe, dauernder Aktivität, beschleunigter Herzschlag, Schweißausbrüchen, gutem Appetit. Obwohl man isst, wird man immer dünner.
Hormone der Hirnanhangdrüse (Hypophyse) „überwachen" die Produktion der beiden in der Schilddrüse gebildeten Hormone und greifen bei Unterfunktion bzw. Überfunktion sofort ein. Bei einer Unterfunktion erfolgt sozusagen der Befehl, mehr zu produzieren, bei einer Überfunktion entsprechend weniger. Um mehr Hormone zu bilden, vergrößert sich die Schilddrüse manchmal, eine Verdickung am Hals wird sichtbar. Es kann zur Kropfbildung kommen. Aber auch bei einer Überfunktion der Hormone kann sich ein Kropf durch die Überproduktion bilden, die eine Folge des vergrößerten Organs ist (Abb. 1).

Ein anderes Beispiel

Ein junges Ehepaar wünscht sich sehnlichst ein Kind. Doch es klappt nicht. Eine Untersuchung beim Spezialisten bringt die Ursache ans Licht: Die Eierstöcke bei der Frau arbeiten nicht richtig. Und Funktionsstörungen der Eierstöcke sind meist hormonell bedingt. Die Folgen sind dann häufig Unregelmäßigkeiten des Menstruationszyklus, Störungen der Eizellenreifung, die zum Ausbleiben des Eisprungs sowie zu einer unzureichenden Gelbkörperbildung führen.
Zunächst wird dann versucht, mit Hormonpräparaten die Störungen zu beseitigen.

Ursache der Unterfunktion der Schilddrüse ist Iodmangel. Iod ist ein notwendiger chemischer Bestandteil der beiden Schilddrüsenhormone. Die benötigte Tagesmenge an Iod liegt bei etwa 0,2 Milligramm. Das entspricht ungefähr einer Portion Seefisch pro Woche.

Erschließungsfeld

Regulation

Der Mensch zählt zu den gleichwarmen Lebewesen. Das gilt aber im strengen Sinne nur für seine Körperkerntemperatur, die zwischen 36 °C und 37 °C liegt. Für die Körperoberfläche gilt das nicht. Grundlage für das Aufrechterhalten der Körperkerntemperatur bei hohen Außentemperaturen oder bei großer Wärmeproduktion infolge körperlicher Belastung sind ständige Wechselwirkungen zwischen dem Körper und der Umwelt oder auch innerhalb des Körpers.

Auch in unserer Wohnung können wir die Raumtemperatur entsprechend der Abbildung unten regeln.

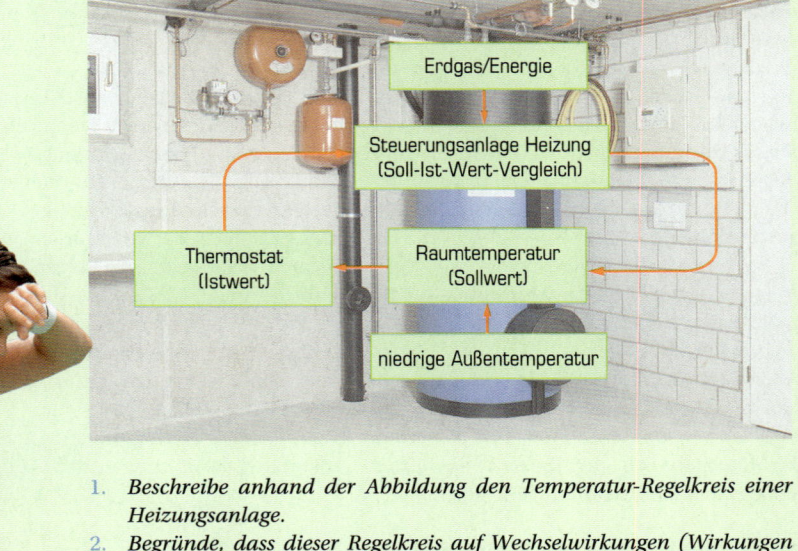

- Erdgas/Energie
- Steuerungsanlage Heizung (Soll-Ist-Wert-Vergleich)
- Thermostat (Istwert)
- Raumtemperatur (Sollwert)
- niedrige Außentemperatur

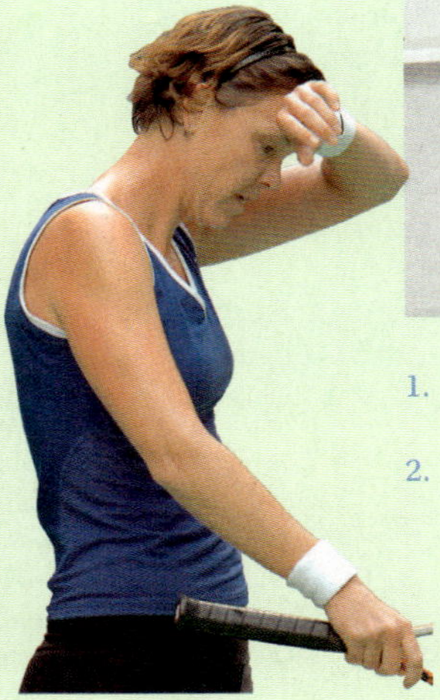

1. Beschreibe anhand der Abbildung den Temperatur-Regelkreis einer Heizungsanlage.
2. Begründe, dass dieser Regelkreis auf Wechselwirkungen (Wirkungen und Rückwirkungen) zwischen den einzelnen Bereichen beruht.

Die Regulation von Körperzuständen beruht ebenfalls auf dem gleichen Prinzip und wird modellhaft über den **biologischen Regelkreis** erklärt.

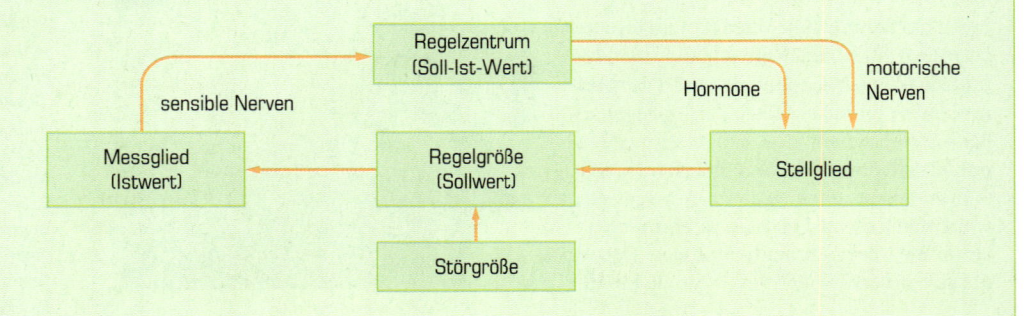

- Regelzentrum (Soll-Ist-Wert)
- sensible Nerven
- Hormone
- motorische Nerven
- Messglied (Istwert)
- Regelgröße (Sollwert)
- Stellglied
- Störgröße

Informationsaufnahme Biologie 51

Erschließungsfeld

3. Ordne in der folgenden Tabelle den jeweiligen Funktionen die Glieder des biologischen Regelkreises richtig zu.

Glieder des biologischen Regelkreises	Funktion
	Organ, das die Regelgröße wieder auf den Sollwert einstellen kann
	Faktor aus dem Körperinnern oder aus der Umwelt, der die Regelgröße verändert
	Erregungsleitung vom Gehirn zum Stellglied
	Sinneszellen, die eine Veränderung des Sollwerts als Reiz aufnehmen und in eine Erregung umwandeln können
	Verarbeitungszentrum im Gehirn, das den Soll-Ist-Wert-Vergleich durchführt und Stellglieder aktiviert
	konstant zu haltende Körpergröße
	Erregungsleitung von den Sinneszellen zum verarbeitenden Zentrum im Gehirn

4. Erstelle einen biologischen Regelkreis für die Regulation der Körpertemperatur bei niedriger Umgebungstemperatur. Ordne dazu den allgemeinen Gliedern des Regelkreises folgende spezielle Glieder richtig zu:
   - Blutgefäße der Haut verengen sich
   - Temperaturzentrum im Gehirn
   - sensible Nerven, Körperkerntemperatur (36–37 °C)
   - niedrige Umgebungstemperatur
   - Kälterezeptoren in Skelettmuskeln, Haut, Körperkern, ZNS
   - Wärmebildung durch Muskelzittern, Wärmebildung im Fettgewebe
   - motorische Nerven und vegetatives Nervensystem
5. Erkläre dein Regelkreismodell.
6. Wie müsste sich der Regelkreis ändern, wenn durch starke körperliche Belastung (z. B. Volleyball spielen, 100-m-Lauf) viel Wärmeenergie produziert wird?

Zusammenfassung:
Die **Regulation** (das Konstanthalten) von Zuständen oder Größen ist eine aktive Leistung des Organismus. Grundlage für die Fähigkeit zur Selbstregulation ist die **Wechselwirkung**, d. h. die Wirkung und Rückwirkung, die durch den Informationsaustausch zwischen Sender und Empfänger möglich wird.

Die Regulation beschreibt die Fähigkeit von Lebewesen, Zustände konstant zu halten.

Regulation des Blutzuckerspiegels

Verdauung ist der Vorgang, in dem die Grundnährstoffe durch Enzyme chemisch in ihre kleinsten wasserlöslichen Bestandteile zerlegt werden.

Mit der Aufnahme von Nahrung und der anschließenden Verdauung gelangen die Grundbausteine der Nährstoffe ins Blut und verändern dort die Stoffkonzentration. Bei kohlenhydrathaltiger Nahrung steigt beispielsweise der Traubenzuckerwert im Blut an. **Die Konzentration des Blutzuckers muss aber relativ konstant sein.**

Der Gehalt an Traubenzucker (Glucose) im Blut (Blutzuckerspiegel, Blutzuckerwert) wird durch das Zusammenwirken von Hormonen und Nerven auf 80 mg bis 100 mg Traubenzucker (Glucose) pro 100 ml Blut (im nüchternen Zustand) einreguliert.

Der Blutzuckergehalt steigt bei einem Gesunden nach den Mahlzeiten auf etwa 140 mg Traubenzucker pro 100 ml Blut.

Dieser Überschuss kann von den Körperzellen aufgenommen und genutzt werden, sodass der Blutzuckerwert schnell auf das Normalmaß reduziert wird.

Diese **Regelung des Blutzuckerspiegels** wird durch Hormone und Nerven gesteuert (Abb. 1).

Beteiligt an der Regulation sind die Hormone **Insulin** und **Glucagon** der Bauchspeicheldrüse und das Hormon **Adrenalin** der Nebennieren.

Das Insulin der Bauchspeicheldrüse bewirkt eine **Senkung des Blutzuckerspiegels,** indem Traubenzucker aus dem Blut in die Leber oder Muskulatur transportiert, dort in Glykogen umgewandelt und gespeichert wird (Abb. 1). Glykogen ist eine spezielle Form von Stärke, die bei Tieren, Menschen und Pilzen vorkommt.

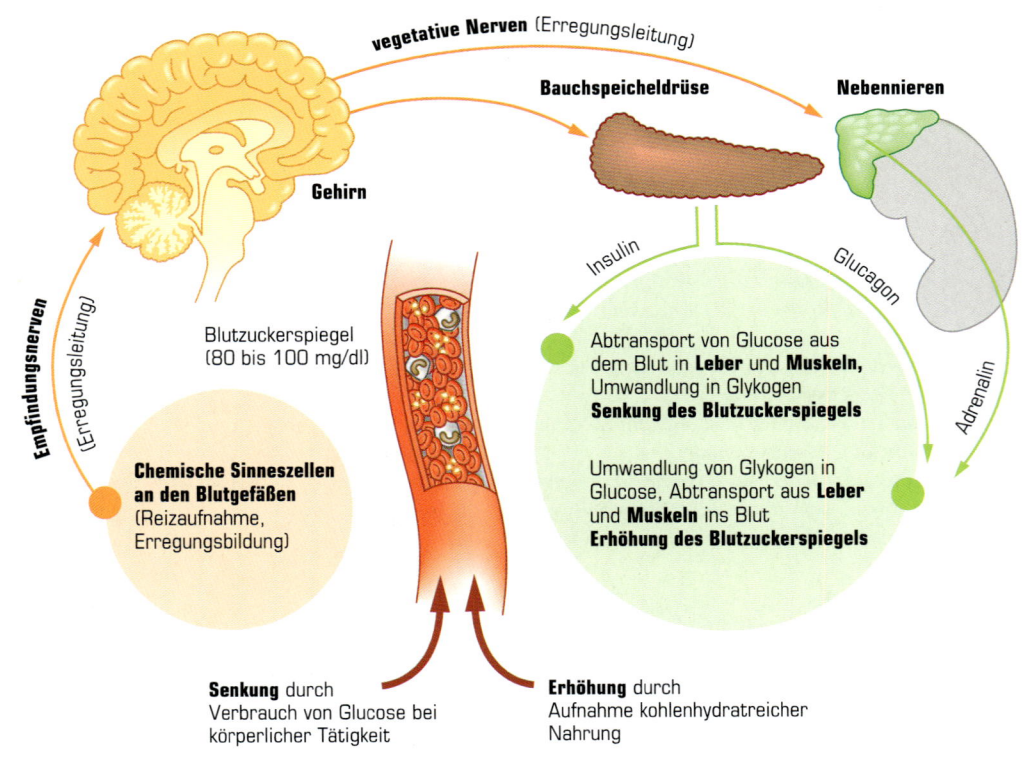

1 ▸ Die Regulation des Blutzuckerspiegels ist ein Beispiel für das Zusammenwirken von Nerven und Hormonen.

Das Adrenalin der Nebennieren und das Glucagon der Bauchspeicheldrüse bewirken eine **Erhöhung des Blutzuckerspiegels,** indem sie das Glykogen („Leberstärke") in der Leber zu Traubenzucker abbauen. Der Traubenzucker gelangt wieder ins Blut (Abb. 1, S. 52). Damit steigt der Traubenzuckergehalt des Blutes an.

> Die relative Konstanthaltung des Blutzuckerspiegels (Gehalt an Traubenzucker im Blut) erfolgt durch das Zusammenwirken von Hormonen (Insulin, Glucagon und Adrenalin) und Nerven.

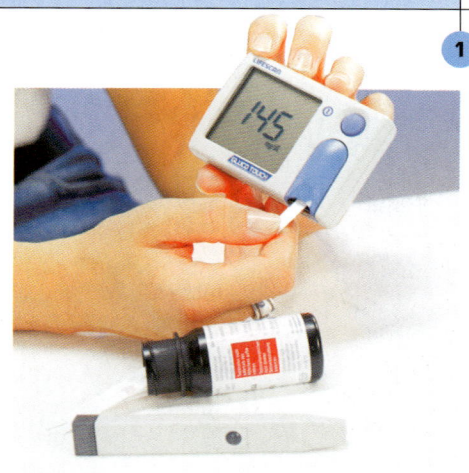

1 ▶ Messgerät zur Blutzuckerkontrolle

Bietet man dem Körper ständig zu viel kohlenhydratreiche Nahrung an, findet auch ständig eine Stoffspeicherung statt, und besonders die Fettreserve im Körper wird aufgebaut. Es kommt zu **Übergewicht.** Damit diese Depots wieder aufgebraucht werden, hilft langfristig eigentlich nur eine Strategie: **Weniger essen und mehr bewegen!**

Bewegung hingegen bedeutet Muskelarbeit. Damit unsere Muskeln kontrahieren können, benötigen sie Energie. Der Brennstoff dafür ist im Allgemeinen Traubenzucker (Glucose).

Sowohl für die Ausführung körperlicher Betätigung (z. B. Sport, körperlich schwere Arbeit) als auch für die Bewältigung geistiger Tätigkeiten (z. B. Forschungsarbeiten, Schulhausaufgaben) wird Traubenzucker verstärkt in den Zellen zur Aufrechterhaltung des Stoff- und Energiewechsels benötigt. Traubenzucker muss also ständig aus dem Blut in die Zellen abgegeben werden.

Ist die Konstanthaltung des Blutzuckerspiegels gestört, kommt es zur **Zuckerkrankheit (Diabetes mellitus).** Sie beruht auf einem Mangel an Insulin. Dadurch kann zu wenig Traubenzucker in Glykogen umgewandelt und gespeichert werden. Der im Blut angereicherte Traubenzucker wird aus dem Blut mit dem Harn ungenutzt ausgeschieden und fehlt den Zellen als Energielieferant. Dies führt zu Müdigkeit, Sehstörungen, Gewichtsabnahme und allgemeiner Leistungsminderung.

Für die Zuckerausscheidung über den Urin benötigt der Körper viel Flüssigkeit. Diesen Wasserverlust möchte der Körper auffüllen, die Zuckerkranken sind stark durstig. Weitere Anzeichen können z. B. sein: Hautjucken, Schwindel und Kopfschmerzen.

Hat man diese Anzeichen am eigenen Körper festgestellt, sollte man, um Gewissheit zu haben, einen Arzt aufsuchen. Der Arzt
- prüft mit einem Teststreifen den Zuckergehalt im Urin,
- nimmt Blut ab und misst, wie viel Zucker sich im Blut befindet (Abb. 1).

Es gibt zwei Diabetestypen: Typ-I- und Typ-II-Diabetes. Die **Therapie** richtet sich je nach Schwere des Diabetes von Diäten über blutzuckersenkende Tabletten bis hin zu täglicher Insulingabe mit Spritzen.

Ist der Blutzuckerspiegel durch Diät und blutzuckersenkende Tabletten nicht zu steuern, dann sind zusätzlich Insulingaben notwendig. Der Diabetes muss unter ständiger Kontrolle durch einen Arzt behandelt werden, da jeder Patient auf „seinen" Diabetes eingestellt werden muss.

> Beim Diabetes (Zuckerkrankheit) ist die Regulation des Traubenzuckergehalts im Blut (Blutzuckerspiegel) infolge nicht ausreichender Insulinbildung gestört.

gewusst · gekonnt

1. Nenne Hormondrüsen und von ihnen gebildete Hormone.
   Beschreibe deren Wirkungen im Körper.

2. Auf welche Weise wirken Hormone im Organismus? Beschreibe an Beispielen. Informiere dich auch im Internet.

3. Vergleiche Bau und Funktion einer Hormondrüse, Schweißdrüse und Talgdrüse. Fertige eine Tabelle dazu an.

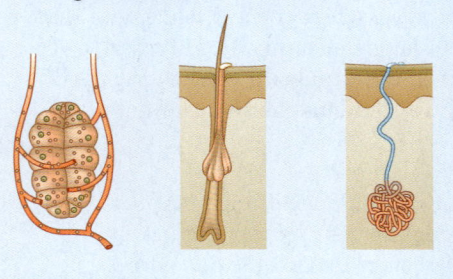

   Hormondrüse   Talgdrüse   Schweißdrüse

4. Erläutere mithilfe der Abbildung die Funktionsweise des Hormonsystems beim Stillen eines Säuglings.

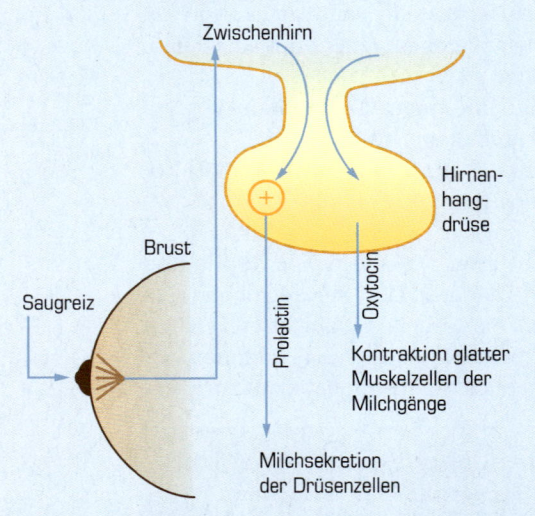

5. Übernimm folgende Tabelle in dein Heft und fülle sie aus.
   Welche Unterschiede gibt es in der Informationsübertragung?

Informationsübertragung	Hormonsystem	Nervensystem
Zeit		
Dauer der Wirkung		
Informationsträger		
Anzahl der Empfängerzellen		

6. a) Entwickle den biologischen Regelkreis zur Regulierung des Blutzuckerspiegels.
   b) Beschreibe die Regulation
      - bei der Aufnahme kohlenhydratreicher Nahrung,
      - bei der Ausführung schwerer körperlicher Arbeit oder anstrengender sportlicher Betätigung.

7. Die Umwandlung von Traubenzucker in Glykogen entlastet den Blutzuckerspiegel. Begründe.

8. Nach intensiver geistiger Tätigkeit (z. B. Klassenarbeit) ist dir heiß, dein Gesicht ist gerötet, du bist sehr aufgeregt. Begründe.

9. Eine Diabetestherapie wurde möglich, nachdem es den Wissenschaftlern BANTING und BEST im Jahre 1921 gelungen war, das Hormon Insulin zu isolieren. Heute ist es möglich, das Insulin „künstlich" herzustellen.
   Welche Bedeutung hat die „künstliche Herstellung" von Insulin für die Diabetiker?

10. Es gibt verschiedene Diabetestypen. Informiere dich im Internet über die Charakteristika, Verläufe und mögliche Therapien der verschiedenen Typen.

Das Wichtigste auf einen Blick

Biologische Regelung

Das Nerven- und das Hormonsystem sind wichtige Steuerungs- und Regelsysteme unseres Körpers.
Biologische Regelung ist der Ablauf biologischer Prozesse (z. B. Blutdruck, Atmung, Blutzuckerspiegel) in Regelkreisen.
Sie erfolgt unwillkürlich, ist angeboren und ständig vorhanden. Die Messglieder überprüfen kontinuierlich die Istwerte. Anhand von Sollwerten werden anschließend die Stellglieder beeinflusst.

Hormonsystem

Hormone sind chemische Signalstoffe, die Lebensprozesse in unserem Körper steuern und koordinieren, z. B. Konstanthaltung des Blutzuckerspiegels.
Hormone werden in Hormondrüsen produziert, direkt in das Blut abgegeben und durch das Blut zu den spezifischen Wirkungsorten transportiert.
Störungen in der Hormonproduktion führen zu Erkrankungen. Durch eine gesunde Lebensweise (z. B. gesunde Ernährung) kann man Hormonstörungen vorbeugen.

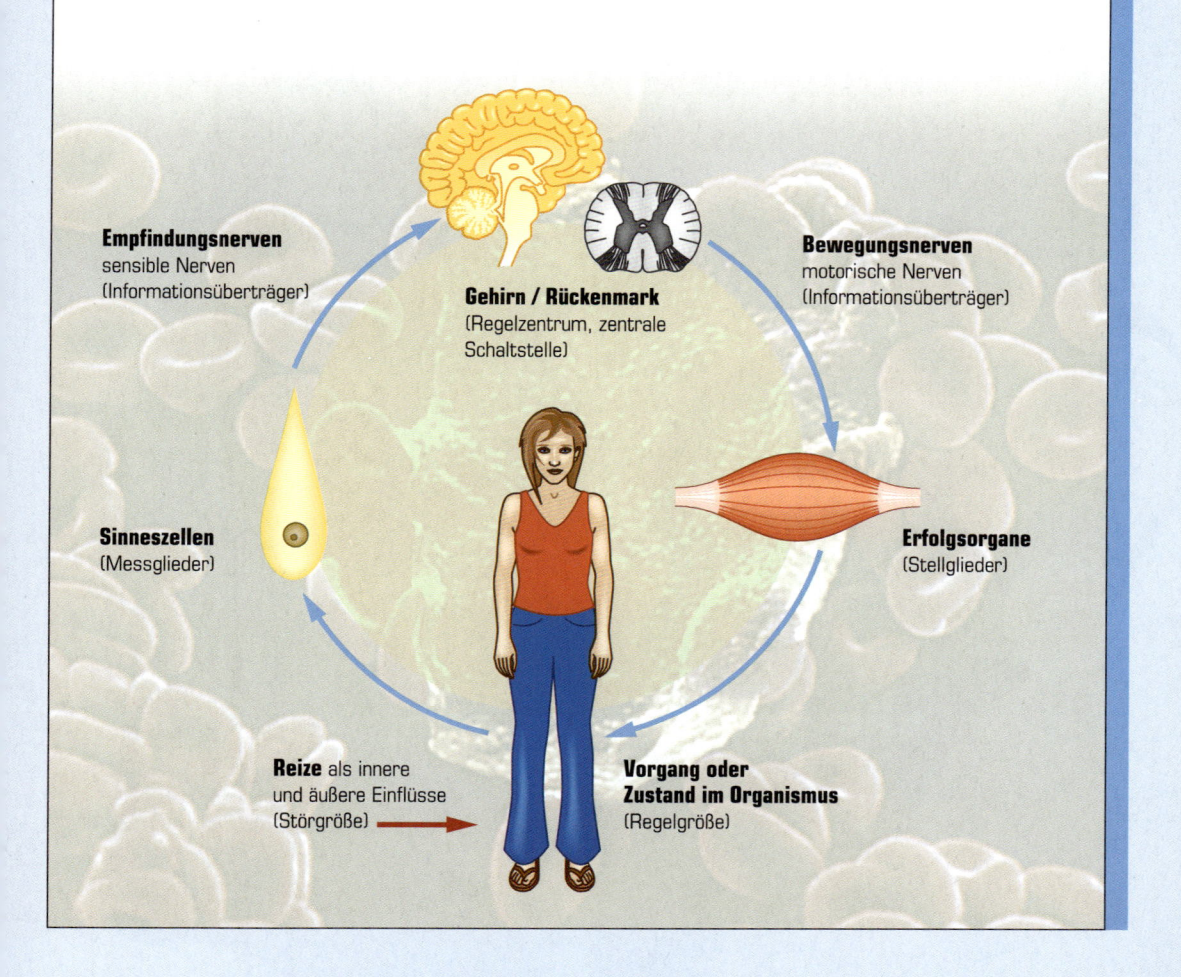

Empfindungsnerven
sensible Nerven
(Informationsüberträger)

Gehirn / Rückenmark
(Regelzentrum, zentrale Schaltstelle)

Bewegungsnerven
motorische Nerven
(Informationsüberträger)

Sinneszellen
(Messglieder)

Erfolgsorgane
(Stellglieder)

Reize als innere und äußere Einflüsse
(Störgröße)

Vorgang oder Zustand im Organismus
(Regelgröße)

2
Sexualität des Menschen

Sexualität, Liebe und Partnerschaft

Sexualität – was ist das? ▸▸ Eine Freundin oder einen Freund zu haben, sich lieben, küssen und miteinander intim sein, heiraten und eine Familie gründen – das sind Vorgänge, die mit der Sexualität des Menschen zusammenhängen.

Pubertät – Zeit der Geschlechtsreife ▸▸ Die Pubertät ist eine wichtige Phase in der Entwicklung jedes Menschen. Dieses Alter ist für beide Geschlechter eine erlebnisreiche Zeit des Suchens, Probierens und Erfahrungsammelns.

Liebe und Partnerschaft ▸▸ Sexualität, Liebe und Partnerschaft gewinnen mit Eintritt der Geschlechtsreife immer mehr an Bedeutung. Jeder Mensch erlebt das auf seine persönliche Art und Weise.

Sexualität und Fortpflanzung

Als **Sexualität** bezeichnet man die Gesamtheit der Körpervorgänge und Handlungen, die mit der „Geschlechtlichkeit" und den Beziehungen der beiden Geschlechter zusammenhängen.

In biologischer Hinsicht dient Sexualität der **Erzeugung von Nachkommen,** also der **Fortpflanzung.** Die Fortpflanzung ist ein wesentliches Merkmal des Lebens. Bei der Fortpflanzung wird Erbmaterial von den Eltern an die Nachkommen weitergegeben.

Es gibt zwei Formen der Fortpflanzung, die *geschlechtliche* (sexuelle) und die *ungeschlechtliche* (asexuelle). Während bei den meisten **Tieren** die Sexualität in erster Linie auf die Erzeugung von Nachkommen ausgerichtet ist, hat sie beim Menschen darüber hinaus starken Einfluss auf seine Gefühle, Bedürfnisse und Einstellungen.

Sexualität ist also ein wichtiges **Wesensmerkmal** und **Grundbedürfnis** des Menschen. Bei jedem Einzelnen ist die Sexualität in einer persönlichen (individuellen) Art und Weise ausprägt.

Sexualität wird von *gesellschaftlichen Leitbildern,* von *sozialen Lebensumständen* wie Beruf, Familie, Freundeskreis, von der Erziehung sowie den *positiven* und *negativen Erfahrungen* beeinflusst. Deshalb können auch keine Normen aufgestellt werden, an die sich alle Menschen halten müssen.

Man kann nur Persönlichkeitseigenschaften und ethische Werte nennen, die für eine Partnerschaft, Ehe und Familie wichtig sind. Dazu gehören unter anderem gegenseitiges Verständnis, gemeinsame Verantwortung für Lebenssituationen, gegenseitige Achtung, Liebe, Zärtlichkeit, Einfühlungsvermögen und Rücksichtnahme.

Weitere ethische Prinzipien sind die Ablehnung jeglicher Form von sexueller Gewalt und sexuellem Missbrauch sowie die Toleranz gegenüber Homosexuellen.

Hetero-, Homo-, Bisexualität

Die meisten Menschen sind sexuell auf Partner des *anderen* Geschlechts orientiert **(heterosexuell)**. Etwa 5–10 % haben sexuelle Beziehungen zu Partnern des *gleichen Geschlechts* **(homosexuell)** oder Kontakte zu *beiden* Geschlechtern **(bisexuell).**
Sexuelle Kontakte zwischen Personen gleichen Geschlechts müssen kein Anzeichen für homosexuelle Veranlagung sein, verunsichern aber die Betroffenen zunehmend. Sie versuchen, ihre „anders" gerichteten Gefühle zu verdrängen und zu verbergen. Erst nach längerer Zeit bekennen sie sich offen zu ihrem *Schwul-* oder *Lesbischsein* („Coming-out").

Die **Ursachen** für diese sexuellen Erscheinungsformen sind noch nicht völlig geklärt. Homosexuelle sind jedenfalls weder krank noch pervers. Deshalb werden homosexuelle Beziehungen zwischen Erwachsenen auch nicht mehr strafrechtlich verfolgt.
Es gibt aber immer noch Vorbehalte und Diskriminierung gegenüber Schwulen, Lesben und Bisexuellen. Daher kämpfen ihre Interessenvertreter verstärkt um die Anerkennung und rechtliche Gleichstellung dauerhafter homosexueller Partnerschaften. Hierzu sind durch den deutschen Bundestag inzwischen gesetzliche Regelungen erfolgt. Danach können Homosexuelle ihre Lebenspartnerschaft eintragen lassen und genießen ähnliche Rechte wie Ehepaare.

Männliche Geschlechtsorgane

Zu den männlichen Geschlechtsorganen gehören je zwei Hoden, Nebenhoden und die Samenleiter, die Vorsteher- und Bläschendrüse sowie das männliche Glied, der Penis (Abb. 1).

Die **Hoden** sind die männlichen Keimdrüsen. Sie bestehen aus mehreren Hundert Samenkanälchen, in denen beim geschlechtsreifen Mann aus Ursamenzellen durch Teilung die reifen **Samenzellen (Spermien)** in großer Zahl gebildet werden. Vermischt mit Drüsensekreten aus der Vorsteherdrüse (Prostata) entsteht daraus die **Samenflüssigkeit (Sperma).**

Diese wird von Zeit zu Zeit über die Harn-Samen-Röhre entleert (**Samenerguss**), die das männliche Glied durchzieht. Dieser Samenerguss (**Ejakulation**) kann unwillkürlich beim Träumen *(Pollution)*, beim Manipulieren mit dem eigenen Penis *(Masturbieren)* oder beim partnerschaftlichen Geschlechtsverkehr erfolgen.

Jeder Samenerguss enthält viele Millionen winzig kleiner **Samenzellen.** Sie sind nur 0,06 mm lang und bestehen aus einem Kopfstück, dem Hals, dem Mittelstück und einem beweglichen Schwanzfaden (Abb. 2).

Die Hoden produzieren auch das männliche **Sexualhormon Testosteron.** Dieses Hormon hat viele Funktionen, es
- steuert die Ausprägung der Geschlechtsmerkmale und das Sexualverhalten des Mannes,
- reguliert die Spermienproduktion,
- fördert das Haarwachstum,
- besitzt eine muskelaufbauende Wirkung.

Im Penis liegen **Schwellkörper.** Diese füllen sich bei sexueller Erregung mit Blut, wodurch sich das Glied aufrichtet, hart und größer wird. Diesen Vorgang bezeichnet man als **Erektion** des Penis. Auf dem Höhepunkt der sexuellen Erregung wird die Samenflüssigkeit herausgeschleudert und das Glied erschlafft danach wieder. Auch bei gefüllter Harnblase staut sich das Blut und das Glied wird steif. Das geschieht häufig im Schlaf.

Die **Intimpflege der männlichen Geschlechtsorgane** ist sehr wichtig. Unter der Vorhaut z. B. liegen Talgdrüsen. Diese sondern fettende Stoffe ab, die sich am Rand der Eichel sammeln.

Wenn nicht täglich gründlich gereinigt wird (bei der Intimhygiene die Vorhaut des Gliedes zurückschieben), können sich dort außerdem Urinreste ansammeln. Das kann u. a. zu unangenehmem Körpergeruch bzw. zu Entzündungen führen.

> Zu den männlichen Geschlechtsorganen gehören Penis, Hoden, Nebenhoden und Samenleiter. Nach Eintritt der Geschlechtsreife werden in den Hoden ständig Spermien gebildet.

Die Einnahme von Testosteron-Präparaten zur Muskelförderung und Leistungssteigerung im Sport ist unerlaubtes Doping.

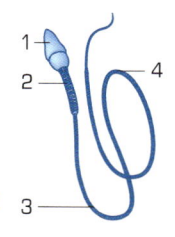

2 ▶ Bau der Samenzelle

1 Kopfstück
2 Hals
3 Mittelstück
4 Schwanzfaden

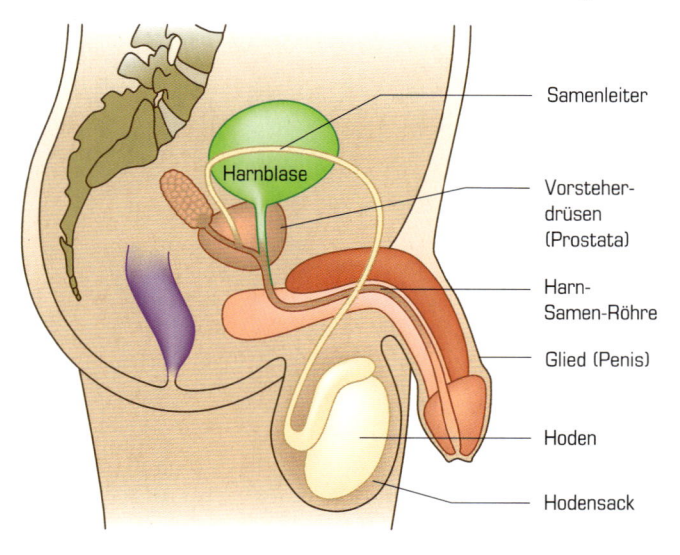

1 ▶ Teile und Bau der männlichen Geschlechtsorgane

Weibliche Geschlechtsorgane und Menstruationszyklus

Die Geschlechtsorgane

Jedes Mädchen und jede Frau sollte einen Regel-Kalender führen, in den sie die Blutungstage und möglichst auch die Stärke der Blutung einträgt. Das ist für die Frau eine wichtige Selbstkontrolle, ob ihr Zyklus regelmäßig verläuft.

Die **Geschlechtsorgane** der Frau liegen im Gegensatz zu den männlichen Geschlechtsorganen im Körperinnern (Unterleib, Beckenregion). Zu ihnen gehören Eierstöcke, Eileiter, Gebärmutter und Scheide (Abb. 1). Bei jungen Mädchen ist der Scheideneingang außerdem noch durch eine Hautfalte, das Jungfernhäutchen, teilweise verschlossen.

Die weiblichen Keimzellen, die **Eizellen,** werden in den beiden Eierstöcken gebildet. Bereits beim neugeborenen Mädchen sind mehrere Hunderttausend Eizellen angelegt. Nach Eintritt der Geschlechtsreife (11.–14. Lebensjahr) entwickeln sich einige dieser Eianlagen weiter zu 1 bis 2 cm großen, mit Flüssigkeit gefüllten **Eibläschen (Follikeln).**

Alle vier Wochen platzt das reifste Bläschen. Man nennt das **Follikelsprung** oder auch **Eisprung.** Er findet 12 bis 14 Tage vor Beginn der darauffolgenden Menstruation statt und gibt eine befruchtungsfähige Eizelle frei. Diese wird vom Trichter eines Eileiters aufgefangen.

Die **Eileiter** sind etwa 12 cm lange Röhren; ihre Schleimhaut besitzt feine Flimmerhärchen zum Transport der Eizellen in Richtung Gebärmutter (Abb. 1 u. 2).

Die **Gebärmutter** (Uterus) ist ein birnenförmiges Organ, dessen Wandung aus Muskulatur besteht; der Hohlraum ist mit Schleimhaut ausgekleidet.

Der Menstruationszyklus

Die sich monatlich wiederholenden Vorgänge in den Eierstöcken (Eibläschenreifung, Follikelsprung, Gelbkörperbildung) sind mit **Veränderungen in der Gebärmutterschleimhaut** (Wachstum, Anreicherung mit Blut, Abbau) verbunden.

Diese für das Leben der Frau wichtige Erscheinung wird **Menstruationszyklus** (Regel, Periode) genannt. Äußerlich macht sich dieser Zyklus durch monatliche **Blutungen** bemerkbar.

Die erste Regelblutung tritt meist im Alter zwischen 11 und 14 Jahren auf und schwankt anfänglich in Dauer, Stärke und Regelmäßigkeit. Bei jungen Mädchen pendelt sich der Rhythmus erst allmählich ein.

1 ▸ Teile und Bau der weiblichen Geschlechtsorgane

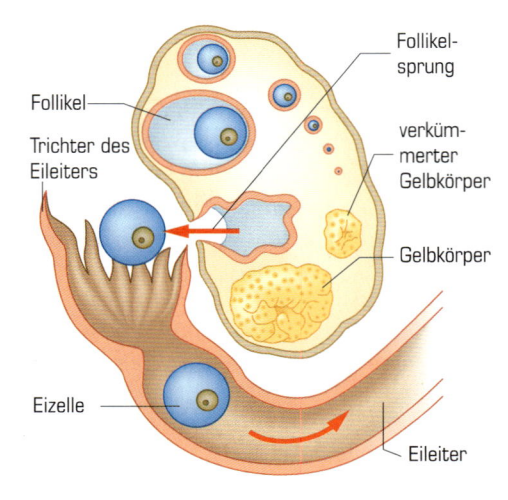

2 ▸ Reifung der Eizelle, Follikel-/Eisprung und Auffangen des Eies durch den Eileiter

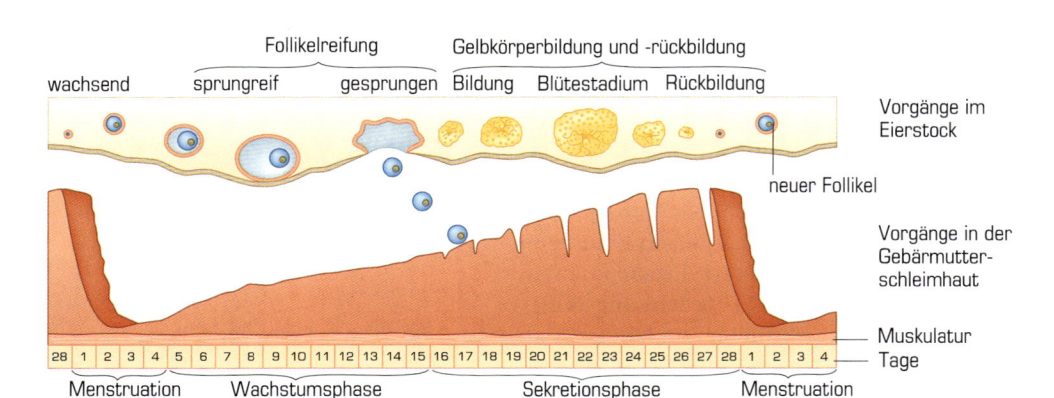

Sexualität, Liebe und Partnerschaft **Biologie** 61

1 ▶ Vorgänge während des Menstruationszyklus in den Eierstöcken und in der Gebärmutter

Der **Menstruationszyklus** verläuft in mehreren Phasen (Abb. 1). Er wird durch Hormone der **Hirnanhangdrüse** (Hypophyse) gesteuert. Die Aktivität der Hirnanhangdrüse wird wiederum durch das Zwischenhirn beeinflusst (Abb. 2).

Die **Hirnanhangdrüse** regt die Produktion der Sexualhormone (Östrogen und Progesteron) im Eierstock an oder hemmt diese. Durch das *follikelstimulierende Hormon* (FHS) reift die Eizelle im Eierstock heran. Eisprung und Gelbkörperbildung werden durch das *luteinisierende Hormon* (LH) angeregt.

Die *Östrogenbildung* wird vor allem vom reifenden Follikel hervorgerufen, das *Progesteron* wird vom Gelbkörper gebildet. Eine hohe Konzentration an Östrogen ist für den Eisprung verantwortlich, den Aufbau der Gebärmutterschleimhaut fördert vor allem das Progesteron.

Wird die Eizelle nicht befruchtet, sterben Gelbkörper und Eizelle ab. Die Produktion von Progesteron wird wieder verringert, und ein großer Teil der Gebärmutterschleimhaut mit Eizelle wird während der Menstruationsblutung abgestoßen.

Unregelmäßigkeiten des Zyklus können durch starke körperliche oder psychische Belastungen oder Krankheiten verursacht werden. Eine beginnende Schwangerschaft kann aber auch Grund für ein Ausbleiben der Regelblutung sein.

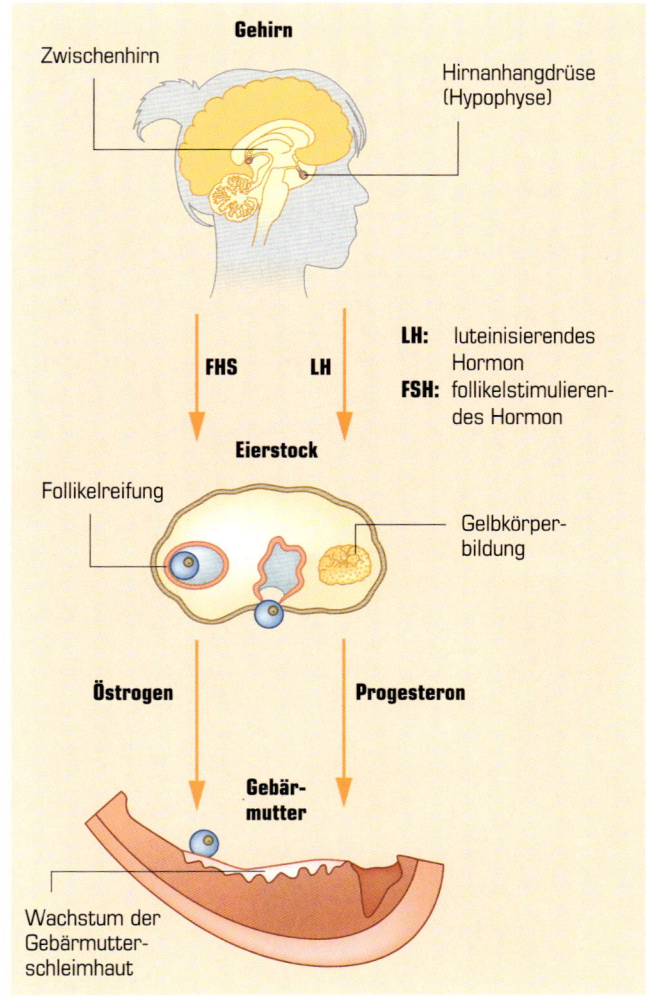

2 ▶ Hormone steuern den Menstruationszyklus.

Geschlechtsverkehr und Befruchtung

Wenn der junge Mann so weit entwickelt ist, dass sich in seinen Geschlechtsorganen Samenflüssigkeit (Sperma) bildet, die reife Samenzellen (Spermien) enthält, und wenn sich bei der jungen Frau beim monatlichen Zyklus reife Eizellen bilden, dann haben sie die **Fortpflanzungsfähigkeit** erreicht. Das heißt, sie können sich fortpflanzen, Nachkommen „zeugen".

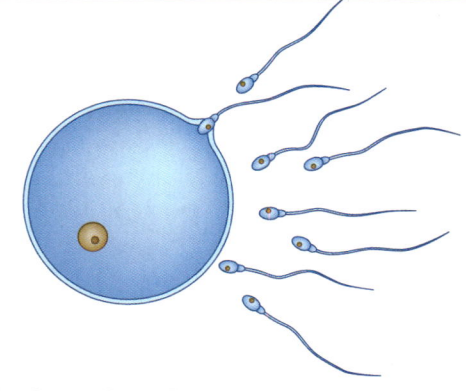

1 ▶ Samenzelle und Eizelle verschmelzen.

In der Umgangssprache nennt man die Begattung Geschlechtsverkehr, Intimbeziehung (Koitus), Miteinander schlafen (Beischlaf) u. Ä.

Eine Zeugung erfolgt in der Regel durch geschlechtliche Vereinigung von Mann und Frau. Die biologische Fachbezeichnung für diesen Vorgang ist **Begattung.** Beim Geschlechtsverkehr kommt es zum **Samenerguss (Ejakulation)** des Mannes. Beim Samenerguss werden einige Milliliter Samenflüssigkeit ausgestoßen; darin sind mehrere hundert Millionen Samenzellen enthalten.

Beim ungeschützten Geschlechtsverkehr gelangen die Samenzellen in die Scheide der Frau, wo sie sich mit ihren Schwanzfäden aktiv vorwärts bewegen. Schon in weniger als zwei Stunden können sie über die Eingangsöffnung der Gebärmutter in die Gebärmutterhöhle und von dort in die Eileiter gelangen.

Befindet sich zu diesem Zeitpunkt im Eileiter eine reife Eizelle, dann kann es zum Eindringen einer Samenzelle und damit zur **Befruchtung** (Empfängnis) kommen (Abb. 1). Hierbei verschmilzt der Zellkern der Samenzelle mit dem Zellkern der Eizelle. Aus der **befruchteten Eizelle** (Zygote, Abb. re.) entwickelt sich der Keimling (Embryo).

Ein Kind zu zeugen bedeutet für beide Partner große Verantwortung und erfordert gesicherte Lebensumstände. Das ist bei sehr jungen Paaren oft nicht gegeben. Deshalb sollten beide schon bei den ersten Intimbeziehungen auf das Anwenden von **Verhütungsmitteln** achten (s. S. 70).

Geschlechtsverkehr

Die geschlechtliche Vereinigung verläuft in mehreren Phasen. In der ersten stimmen sich die Partner aufeinander durch Zärtlichkeiten ein (Vorspiel), was zur wachsenden beiderseitigen Erregung führt.

Beim Mann kommt es dabei durch verstärkten Blutstrom in die Schwellkörper des Penis zu einer Versteifung und Aufrichtung des Gliedes (Erektion).

Bei der Frau schwillt der Kitzler (clitoris) an. Scheideneingang und Scheidenkanal werden durch Drüsensekrete angefeuchtet. Beim eigentlichen Geschlechtsverkehr, der in verschiedenen Positionen (Stellungen) vollzogen werden kann, wird das versteifte männliche Glied in der Scheide der Frau bewegt, bis auf dem Höhepunkt der sexuellen Erregung (Orgasmus) der Samenerguss des Mannes erfolgt. Auch die Frau erlebt beim Sexualakt ansteigende Lustempfindungen bis zum Orgasmus, der aber oft zeitlich nicht mit dem des Mannes zusammenfällt. Daran schließt sich eine Phase des Abklingens der sexuellen Erregung und der Entspannung an. Die sexuelle Erlebnisfähigkeit und Harmonie entwickelt sich erst allmählich mit zunehmender Dauer und Tiefe der Partnerbeziehung.

Sexuell übertragbare Krankheiten

Wer Geschlechtsverkehr mit wechselnden Partnern hat, die er nicht so gut kennt, und sich dabei nicht schützt, kann sich mit verschiedenen Krankheitserregern infizieren. Das geschieht häufiger, als man vermutet. In Deutschland gibt es jährlich über eine Million Fälle, darunter viele Jugendliche!

Verdächtige Anzeichen für Geschlechtskrankheiten sind u. a.: auffällige Rötungen und Hautjucken in der Intimregion, Schmerzen im Unterleib und beim Wasserlassen, verstärkter Ausfluss aus Harnröhre oder Scheide.

Bei solchen Anzeichen muss jeder Mann und jede Frau den Partner informieren und zur genaueren Diagnose der Krankheit einen Facharzt aufsuchen.

Syphilis (Lues)

Diese durch spiralförmige Bakterien *(Spirochäten)* verursachte Geschlechtskrankheit verläuft in *mehreren Phasen*.

In **Phase 1** bilden sich etwa drei Wochen nach Ansteckung knotige Geschwüre an den Geschlechtsteilen oder auch an Lippen, Zunge und After. Sie sind hochgradig ansteckend.

In **Phase 2** breiten sich die Erreger über die Blutbahn im ganzen Körper aus. Anzeichen dafür sind: Anschwellen der Lymphknoten, Hautausschlag, Schmerzen und Fieber.

Unbehandelt setzt nach Jahren **Spätphase 3** mit schweren Schäden an Knochen, Herz und Nervensystem ein.

Tripper (Gonorrhö)

Erreger sind *Kugelbakterien* (Gonokokken), die beim Geschlechtsverkehr übertragen werden. Sie rufen in den Schleimhäuten der Harn- und Geschlechtsorgane von Mann und Frau Entzündungen hervor. Erste Anzeichen nach 3 bis 5 Tagen sind Juckreiz, Brennen beim Wasserlassen und Ausfluss, zunächst wässrig, dann schleimig und eitrig. Tripper muss im Frühstadium mit Antibiotika behandelt werden, um die Schädigung anderer Organe und Unfruchtbarkeit zu vermeiden.

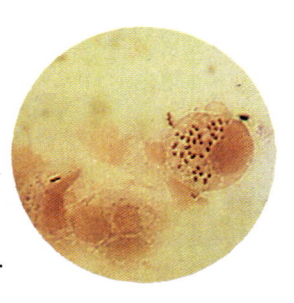

Hepatitis

Hepatitis ist eine Erkrankung, die durch Viren hervorgerufen wird. Dabei wird vor allem die Leber geschädigt. Das kann zur Beeinträchtigung dieses Organs führen.

Es gibt verschiedene Formen der Hepatitis, die auch einen unterschiedlichen Verlauf haben und teilweise zu schweren Komplikationen führen können. Die Übertragung erfolgt entweder über die Nahrung oder durch den Austausch von Körperflüssigkeiten wie Sperma und Blut.

Aids

Aids (Abk. für *acquired immune deficiency syndrome*, auf Deutsch „durch Ansteckung erworbene Immunschwäche") ist die jüngste und gefährlichste sexuell übertragbare Krankheit. Ihr Erreger ist das *Human-Immundefekt-Virus* (HIV). Seit seiner Entdeckung Anfang der 1980er Jahre haben sich weltweit 50 Millionen Menschen mit HIV infiziert. 16 Millionen sind bereits an Aids gestorben, zwei Drittel davon allein in Afrika.

In *Deutschland* gab es bisher 50 000 HIV-Infektionen und 15 000 Aidstodesfälle. Das **Risiko einer HIV-Ansteckung** ist sehr hoch beim Sex mit Zufallsbekanntschaften, Prostituierten und männlichen Homosexuellen.

Pilzinfektionen

Durch den *Hefepilz Candida albicans* wird eine an sich harmlose Infektion hervorgerufen, die aber zu starkem Juckreiz und Brennen an den Geschlechtsorganen führen kann.

1 ▸ Trippererreger sind Kugelbakterien.

Mit speziellen Medikamenten und entsprechender Hygiene sind Pilzinfektionen gut zu behandeln.

Phasen der Individualentwicklung

Jeder Mensch durchläuft in seinem Leben eine Entwicklung, die mit der befruchteten Eizelle (Zygote) beginnt und mit dem Tod endet. Diese Entwicklung verläuft bei jedem Menschen in einer **individuellen** Ausprägung. Man unterscheidet zwei Hauptabschnitte:
- **vorgeburtliche Entwicklung** oder Embryonalentwicklung (von der befruchteten Eizelle bis zum geburtsreifen Kind),
- **nachgeburtliche Entwicklung** (vom Neugeborenen bis zum Greisenalter/Tod).

Schwangerschaft und vorgeburtliche Entwicklung

Die Entwicklung der befruchteten Eizelle bis zum geburtsreifen Kind im Bauch der Mutter nennt man **Schwangerschaft.** Sie dauert von der letzten Menstruation gerechnet etwa neun Monate.

Die befruchtete Eizelle beginnt sich bereits auf ihrem Weg durch den Eileiter in die Gebärmutter zu teilen.

Es entsteht ein Zellhaufen und daraus ein Bläschen mit einer winzigen Keimlingsanlage im Innern. Dieses Keimbläschen nistet sich nach 7 bis 10 Tagen in die Gebärmutter ein (Abb. 1).

In den folgenden Wochen entwickelt sich aus der Keimlingsanlage der **Embryo** und aus der Hüllschicht der Keimblase, die mit ihren feinen Zotten in die Gebärmutterschleimhaut hineinwächst, der **Mutterkuchen** (Plazenta). Das ist ein spezielles Organ, durch das im Verlauf der Schwangerschaft das Kind mit Sauerstoff und Nahrung versorgt wird.

Nach **sechs Wochen** lässt der 2 bis 3 cm große Embryo bereits eine Körpergliederung und erste Organanlagen (Augen, Magen-Darm-Trakt, einfaches Herz) erkennen (Abb. 1, S. 65). Der vier Monate alte **Fetus** ist schon 20 cm groß und hat menschliche Gestalt. Muskeln und Skelett entwickeln sich weiter; die Mutter verspürt erste Bewegungen ihres Kindes (Abb. 2, S. 65).

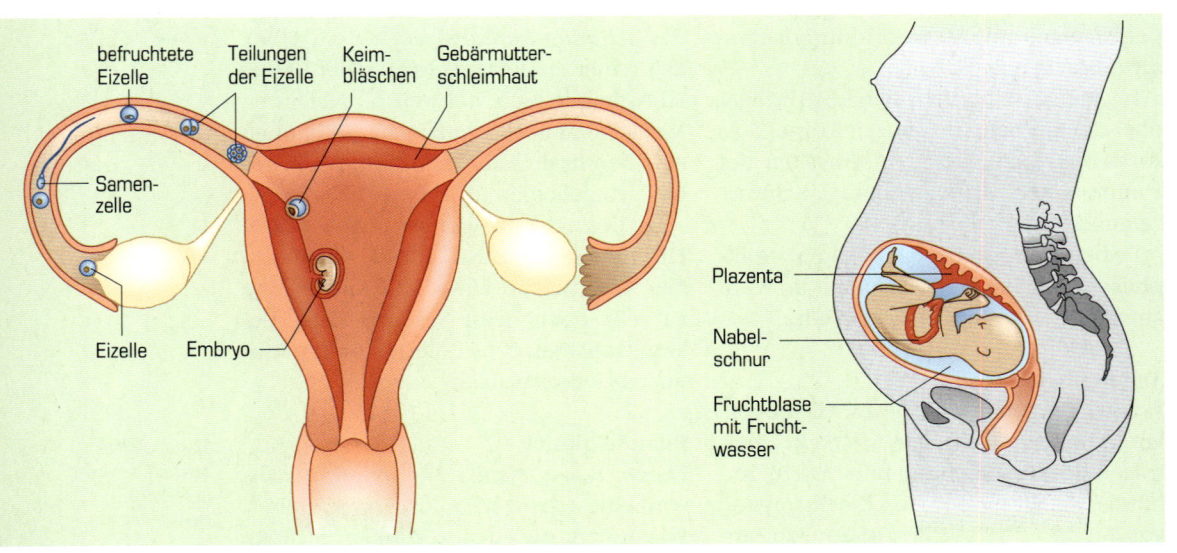

1 ▶ Weg der befruchteten Eizelle, ihre Teilung und Einnistung in die Gebärmutter

2 ▶ Kind im Mutterleib kurz vor der Geburt, Kind liegt geschützt in der Fruchtblase.

Sexualität, Liebe und Partnerschaft

Biologie 65

Mit medizinischen Geräten lassen sich die Herztöne abhören, Lage und Größe des Kindes, später auch das Geschlecht feststellen. Das heranwachsende Kind wird bis zur Geburt über den **Mutterkuchen** und die **Nabelschnur** mit Nahrung und Sauerstoff versorgt.

Am **Ende des 7. Monats** ist das Kind etwa 35 cm groß und 1 300 g schwer. Zu diesem Zeitpunkt ist seine Organentwicklung schon fast abgeschlossen.

Es bestehen nun Chancen, dass das Kind bei einer vorzeitigen Geburt (Frühgeburt) durch spezielle Pflegemaßnahmen am Leben erhalten werden kann.

In den **letzten beiden Monaten** bis zur normalen Geburt erfolgt die weitere „Ausreifung" des Kindes. Es bilden sich Fettpolster in der Haut; die Körperformen runden sich. Das Kind nimmt an Größe, Gewicht und Körperkraft weiter zu; am Ende der Schwangerschaft ist es 50 bis 52 cm lang und 2 800 bis 3 400 g schwer. Es hat nun auch seine spätere Geburtslage in der Gebärmutter eingenommen; das ist in der Regel mit dem Kopf nach unten (Abb. 2, S. 64).

Der Bauch der Mutter wölbt sich nun stark vor. Für die Frau wird es immer mühsamer, das Kind mit sich herumzutragen.

Während der gesamten Schwangerschaft liegt das sich entwickelnde Kind gut geschützt in der mit Fruchtwasser gefüllten **Fruchtblase**. Durch die **Nabelschnur** ist es mit dem **Mutterkuchen** verbunden.

Über die Poren von Blutkapillaren und die Hohlräume im Mutterkuchen findet zwischen Mutter und Kind ein reger **Stoffaustausch** statt. Aus dem Blut der Mutter gehen Sauerstoff und Nährstoffe in das Blut des Kindes über. Umgekehrt werden Kohlenstoffdioxid und weitere Stoffwechselendprodukte aus dem Blut des Kindes in das der Mutter abgegeben.

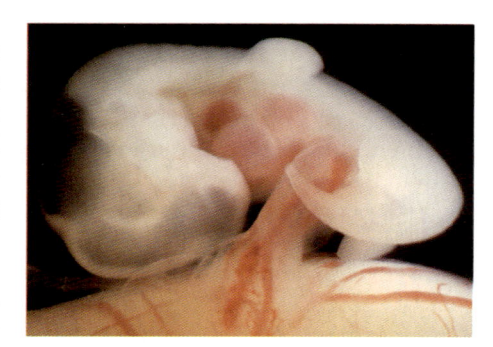

Über den Mutterkuchen gelangen auch Hormone und Antikörper in den Organismus des heranwachsenden Kindes.

Auf dem gleichen Weg können aber auch schädliche Stoffe wie Alkohol, Nikotin, Medikamente oder Drogen sowie Krankheitserreger in den kindlichen Kreislauf gelangen.

Deshalb sollte die werdende Mutter während der gesamten Schwangerschaft nicht rauchen, keinen Alkohol trinken und Medikamente nur unter Aufsicht des Arztes einnehmen (s. S. 67). Andernfalls kann es zu Entwicklungsstörungen des heranwachsenden Kindes, Missbildungen oder gar zu einer Fehlgeburt kommen.

1 ▸ Embryo in der 6. Woche, erkennbar sind Körpergliederung sowie erste Organanlagen

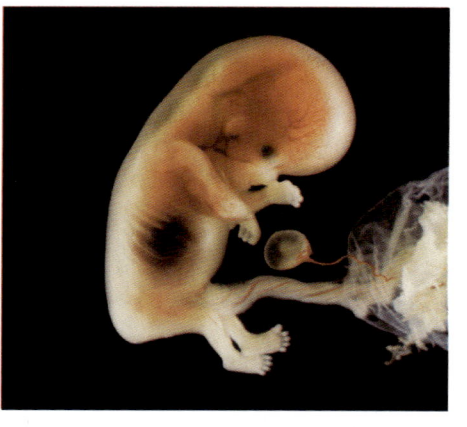

2 ▸ Fetus im 4. Monat

Besonders am Ende der Schwangerschaft braucht die Frau viel Ruhe und mehr Hilfe und Unterstützung ihrer Familie.

> Während der Schwangerschaft entwickelt sich aus der befruchteten Eizelle ein Kind. Über den Mutterkuchen und die Nabelschnur wird es mit den lebensnotwendigen Stoffen versorgt.

Die Geburt (Entbindung)

Die **Geburt** verläuft in drei Phasen: In der **Eröffnungsphase** bereiten erste Wehen, das sind Kontraktionen der Gebärmutter, den Geburtskanal auf den Austritt des Kindes vor. Der Gebärmuttermund öffnet sich; die Fruchtblase wird in Richtung Scheide gedrückt und platzt schließlich (Blasensprung).

In der **Austreibungsphase** wird das Kind durch kräftigere, von der Mutter durch aktives Mitpressen unterstützte Wehen meist mit dem Kopf zuerst geboren. Hebamme und Arzt leisten dabei „Geburtshilfe" (Abb. 1 u. 2). Das Kind hängt zunächst noch an der Nabelschnur; diese wird abgebunden und durchtrennt.

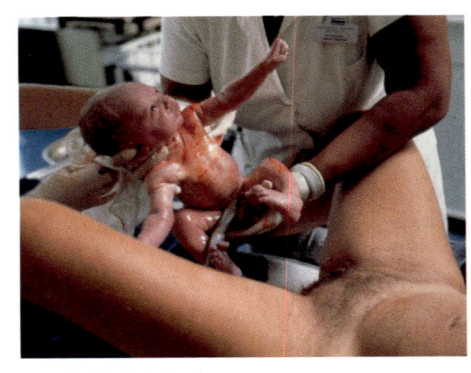

2 ▸ Ein Kind wird geboren.

Es gibt verschiedene Geburtsarten, Entbindungstechniken und Gebärpositionen, über die sich die Schwangere in der Zeit ihrer Geburtsvorbereitung informieren und entscheiden kann.

Da das Kind nun nicht mehr über den Mutterkuchen mit Sauerstoff versorgt wird, reichert sich in seinem Blut Kohlenstoffdioxid an; dadurch wird sein Atemzentrum gereizt. Das Neugeborene fängt kräftig an zu schreien, füllt dabei seine Lunge mit Luft und beginnt selbstständig zu atmen.

In der **Nachgeburtsphase** löst sich innerhalb von 1 bis 2 Stunden nach Austritt des Kindes der funktionslos gewordene Mutterkuchen von der Gebärmutterwand ab. Der Mutterkuchen wird mit der anhängenden Nabelschnur und den Fruchthüllen als „Nachgeburt" abgestoßen. Damit ist die Nachgeburtsphase beendet.

Der gesamte Geburtsvorgang dauert bei Erstgebärenden manchmal 5 bis 16 Stunden, bei nachfolgenden Geburten meist nur noch 3 bis 8 Stunden.

Die Entbindung in einer **Klinik** ist ratsam, weil hier Fachkräfte bereitstehen, die notfalls schmerzlindernde Maßnahmen, ärztliche Eingriffe oder Schnittentbindungen durchführen können. Außerdem stehen moderne Geräte zur Verfügung.

> **Die Geburt (Entbindung) verläuft in drei Phasen. Das Kind wird durch Wehen aus dem Körper der Mutter herausgedrückt.**

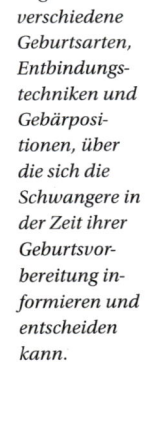

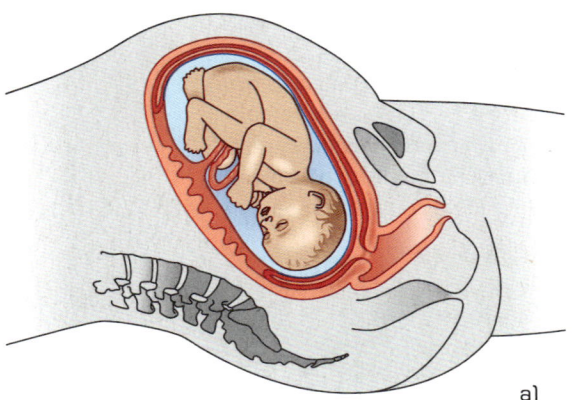

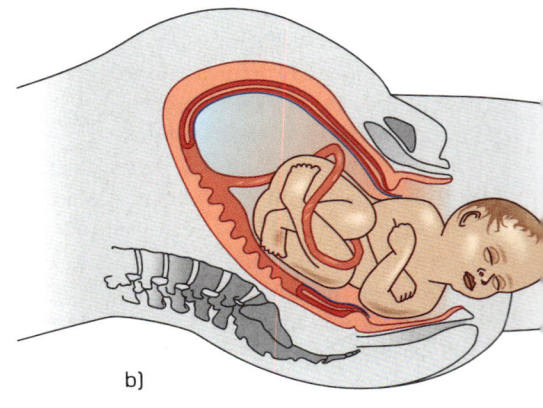

a)   b)

1 ▸ Das Kind wird (a) in den Gebärmutterausgang gedrückt, (b) aus dem Körper gepresst.

Sexualität, Liebe und Partnerschaft

Biologie 67

Schutz für Mutter und Kind

Im Verlauf der **Schwangerschaft** gibt es „sensible Phasen", in denen das heranwachsende Kind besonders empfindlich gegenüber schädlichen Stoffen, Infektionen und anderen Einwirkungen ist. Das sind vor allem die ersten drei Schwangerschaftsmonate, wenn sich beim Kind die Organe ausbilden.

Gefahren für das heranwachsende Kind sind vor allem:
- *Rauchen:* Eine Zigarette beschleunigt deutlich den Herzschlag des Kindes im Mutterleib. Rauchende Mütter haben dreimal so häufig Frühgeburten, doppelt so viele Totgeburten.
- *Alkohol:* 30 bis 50 Prozent der Kinder von Alkoholiker-Müttern kommen mit Schädigungen oder Rückständen in der körperlichen und geistigen Entwicklung zur Welt.
- *Drogen:* Kinder können schon im Mutterleib „drogensüchtig" werden, wenn die Schwangere Drogen nimmt.
- *Medikamente:* Durch unkontrollierte Einnahme von Medikamenten kann das heranwachsende Kind geschädigt werden.
- *Infektionen:* Durch Infektionen im Mutterleib mit Mumps, Gelbsucht, Syphilis und Röteln ist das ungeborene Kind besonders gefährdet.
- *Röntgenstrahlen, Impfung und Zahnbehandlung:* Vor jeder Behandlung muss der Arzt über eine bestehende Schwangerschaft informiert werden.

Die werdende Mutter muss deshalb auf *gesunde Lebensführung* achten und die vorgeschriebenen *Vorsorgeuntersuchungen* beim Frauenarzt einhalten. Sie dienen zur Kontrolle des Schwangerschaftsverlaufs, der Entwicklung des Kindes im Mutterleib und zur Früherkennung von Störungen oder Schäden.

Außerdem gibt es *Kurse zur Vorbereitung auf die Geburt* (Abb. 2).

Das Neugeborene ist eine lange Zeit hilflos und auf sorgsame Betreuung angewiesen. In den ersten Wochen schläft es 14 bis 18 Stunden am Tag. Alle 4 bis 6 Stunden braucht es Nahrung, am besten ist Muttermilch. Gesunde Mütter sollten ihr Kind mindestens drei Monate stillen.

Weitere Vorsorgeuntersuchungen beim Kinderarzt, verbunden mit Schutzimpfungen, finden zwischen dem 1. und 10. Lebensjahr statt (Abb. 1).

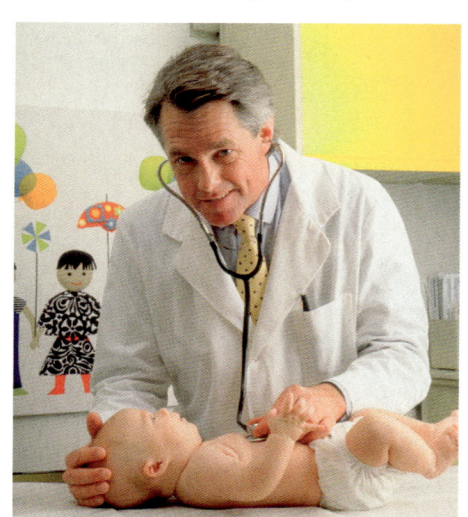

1 ▶ Vorsorgeuntersuchung beim Kinderarzt

2 ▶ Vorbereitung auf die Geburt

Nachgeburtliche Lebensabschnitte

Entwicklung im Säuglingsalter (1. Lebensjahr)

Auch bei den Pflegemaßnahmen, wie z. B. Windeln, Waschen, Baden, beim Füttern, Ins-Bett-Legen oder Spielen müssen sich der Vater, ältere Geschwister und andere Familienmitglieder beteiligen.

In dieser Phase bildet das junge Menschenkind körperliche Grundfertigkeiten wie Kriechen, Sitzen, Laufen aus. Es greift nach Gegenständen und spielt mit ihnen (Abb. 2). Das Baby interessiert sich zunehmend für seine Umwelt, entwickelt Kontakte zu Personen, reagiert auf Gebote und Verbote und beginnt schließlich mit dem Sprechenlernen. Das verläuft unter der liebevollen Anleitung und Hilfe der ganzen Familie.

Das entlastet die Mutter und wirkt sich zugleich positiv auf die Entwicklung des Kindes und die Beziehungen in der Familie aus.

Entwicklung im Kleinkind- und Vorschulalter (2.–6. Lebensjahr)

Merkmale im **Kleinkindalter** sind Spielen mit Gegenständen und Geräten, Dreiradfahren, Erlernen der Sprache, Beobachten und Untersuchen der Umwelt sowie beginnendes Fragen nach dem „Warum".

Im **Vorschulalter** stehen im Vordergrund Erweitern des Wortschatzes, Lernen von Liedern, Aufsagen von Versen, Spielen in der Gruppe und Durchführen gemeinsamer Aktionen, aber auch die Mithilfe im Haushalt.

Entwicklung im Schulalter

Ab dem 6. Lebensjahr vollzieht sich bei Mädchen und Jungen der erste *Gestaltwandel.* Er ist gekennzeichnet durch Streckungswachstum des Körpers, deutlichere Gliederung des Rumpfes in Brust und Bauch (Taille) sowie Kräftigung der Muskulatur. Die Bewegungen werden zielgerichteter und flüssiger.

Im Verlauf des Schulalters vollzieht sich der Wechsel vom Milchgebiss zum Dauergebiss. Auch die geistige Entwicklung geht weiter voran. Die Wortsprache wird bewusster gestaltet und verfeinert; das logische Denken bildet sich heraus (Abb. 1).

1 ▸ Bereits in der Grundschule lernen die Kinder mit Computern umzugehen.

2 ▸ Im 1. Lebensjahr interessiert sich das Baby für alles in seiner Umgebung.

Sexualität, Liebe und Partnerschaft — Biologie — 69

1 ▶ Gemeinsam (a) alt werden, davon träumen (b) viele junge Pärchen.

Entwicklung im Jugendalter

Zwischen dem 11. und 18. Lebensjahr vollzieht sich der Übergang vom Kind zum Erwachsenen *(zweiter Gestaltwandel)*. Er ist verbunden mit einem starken Wachstumsschub, Ausprägung der sekundären Geschlechtsmerkmale von Mann und Frau sowie Eintritt der Geschlechtsreife.

In diesen Entwicklungsabschnitt fällt auch die **Pubertät.** Sie ist die Phase der Geschlechtsreife. Neben den körperlichen Merkmalen entwickeln sich auch die Gefühle, Bedürfnisse, Interessen und Verhaltensweisen der Jugendlichen. Sie knüpfen Freundschaften und Partnerschaften an, erleben die Liebe (Abb. 1b) und haben erste sexuelle Kontakte. Dabei treten nicht selten Probleme und Konflikte auf, für deren Bewältigung sie Rat und Hilfe brauchen.

Entwicklung im Erwachsenenalter

Zwischen 18 und 20 Jahren ist das Stadium des Erwachsenseins biologisch gesehen erreicht. Jeder Mensch hat sein persönliches Erscheinungsbild (Konstitution) entsprechend den Erbanlagen und äußeren Faktoren ausgeprägt. Zwischen 20 und 40 erreicht er sein optimales körperliches und geistiges Leistungsvermögen (das „Leistungsalter"). Viele Menschen leisten auch danach noch Bedeutendes in Beruf und Gesellschaft.

Greisenalter und Tod

Im Greisenalter nehmen die Verschleißerscheinungen und Rückbildungsvorgänge zu. Sie treten mit zunehmender Lebensdauer in verschiedenen Organsystemen des Körpers ein. Sie führen zur allmählichen Abnahme des Leistungsvermögens und der Arbeitsfähigkeit und schließlich zum Tod. Zeitlicher Verlauf und Symptome des Alterns sind beim einzelnen Menschen je nach Veranlagung und Lebensführung unterschiedlich.

Wärend der Pubertät hat man oft Zoff mit seinen Eltern, die gutgemeinten Ratschläge nerven.

> **M** Lebensphasen des Menschen sind: Säuglings-, Kleinkind-, Vorschul-, Schul-, Jugend-, Erwachsenen- und Greisenalter sowie der Tod.

Schwangerschaftsverhütung

Empfängnisregulierung bedeutet, dass die Frau in Übereinstimmung mit dem Partner selbst bestimmen kann, ob und wann sie ein Kind bekommen möchte.

Besonders für junge Menschen ist es wichtig, Liebe und Partnerschaft ohne Angst vor frühzeitiger Schwangerschaft zu erlernen und zu erleben.

Für die **Schwangerschaftsverhütung** gibt es verschiedene Methoden und Mittel, die sich in ihrer Wirksamkeit und Anwendung sowie in ihren möglichen Nebenwirkungen unterscheiden. Die meisten Verhütungsmittel sind auf den Körper der Frau gerichtet und werden von ihr angewendet.

Nach der **Wirkungsweise** werden verschiedene Mittel und Methoden der Schwangerschaftsverhütung und Familienplanung unterschieden:
- *hormonale Verhütungsmittel* (z. B. Pille), die den Follikelsprung unterbinden
- *mechanische* und *chemische Verhütungsmittel* (z. B. Kondom, Scheidenpessar, Spirale, Zäpfchen, Cremes, Gels), die eine Verschmelzung von Eizelle und Samenzelle verhindern
- „*natürliche*" Methoden (z. B. Temperatur-, Kalendermethode), die auf die Ermittlung der „fruchtbaren Tage" der Frau gerichtet sind

Die **Pille**, auch **Antibabypille** genannt, ist der umgangssprachliche Sammelbegriff für hormonale Verhütungsmittel. Sie enthalten in Tablettenform die *weiblichen Sexualhormone Östrogen* und *Gestagen* in unterschiedlicher Zusammensetzung und Dosierung. Sie greifen in den **Menstruationszyklus** der Frau ein.

Sie sind das meistverwendete, für junge Frauen mit festem Partner und häufigem Sexualverkehr geeignetste Mittel, das mit *hoher Sicherheit* eine ungewollte Schwangerschaft verhindert. Die Wirkstoffe der Pille unterbinden mit hoher Zuverlässigkeit bei der Frau das Freiwerden von befruchtungsfähigen Eizellen.

Es gibt verschiedene Pillensorten (Abb. oben), die der Frauenarzt individuell auswählt und verschreibt. Die Einnahme muss exakt nach Vorschrift erfolgen. Wegen möglicher Nebenwirkungen (besonders häufig bei Medikamenteneinnahme und Rauchen) sind halbjährliche Kontrolluntersuchungen notwendig.

Kondome sind die am meisten verwendeten Verhütungsmittel. Die dünne, elastische Gummihülle, die es in den verschiedensten Ausführungen gibt (Abb. 1), fängt beim Orgasmus des Mannes die Samenflüssigkeit auf und verhindert somit eine mögliche Befruchtung. Außerdem dient das Kondom als Schutz vor Infektionen, z. B. vor **Geschlechtskrankheiten** und **Aids.**

Das **Scheidenpessar** (Abb. 1, S. 71) ist eine weiche Gummimembran (Latexkappe) mit einem biegsamen Metallring, die 2 bis 3 Stunden vor dem Geschlechtsverkehr auf den Gebärmuttermund geschoben und 6 bis 12 Stunden nach dem Geschlechtsverkehr wieder herausgenommen und gereinigt wird.

1 ▶ Bei jedem Geschlechtsverkehr ist ein neues Kondom zu verwenden.

Sexualität, Liebe und Partnerschaft

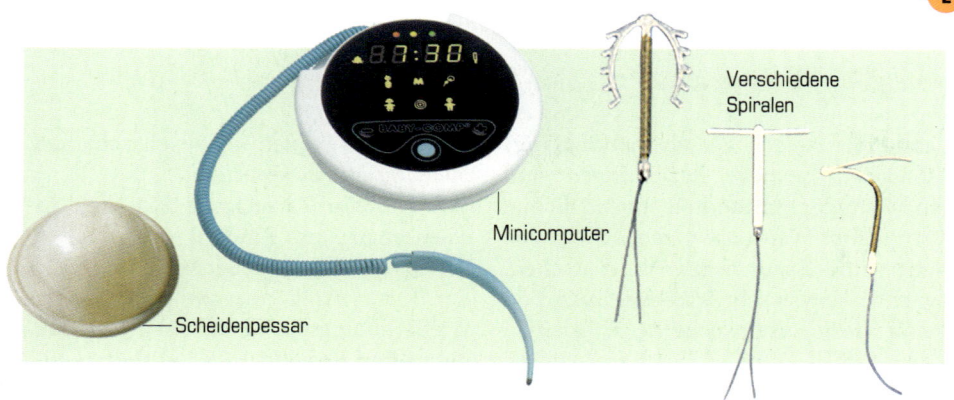

Biologie 71

1 ▸ Weitere Verhütungsmittel: Scheidenpessar, Minicomputer und verschiedene Spiralen

Damit die Kappe gut sitzt und nicht verrutscht, muss sie vom Frauenarzt angepasst werden. Dieses Verhütungsmittel verhindert, dass die Samenzellen in die Gebärmutter gelangen.

Die meisten **Spiralen** sind mit feinem Kupferdraht umwickelt *(Kupferspiralen)*, einige enthalten einen Gestagen-Speicher *(Hormonspiralen)*. Sie werden vom Frauenarzt ausgewählt, angepasst und in die Gebärmutter eingelegt (Abb. 1).

Die Spirale verhindert die Befruchtung der Eizelle und die Einnistung des Blasenkeims mit ziemlich hoher Sicherheit, wenn ihre Lage alle sechs Monate kontrolliert und nach 3 bis 5 Jahren eine neue Spirale eingesetzt wird.

Zu den **chemische Verhütungsmitteln** gehören *Zäpfchen, Tabletten, Gels* und *Schaumsprays* mit spermienabtötender Wirkung. Sie müssen mindestens zehn Minuten vor dem Geschlechtsverkehr in die Scheide eingeführt werden und lassen schon nach einer Stunde in ihrer Wirkung nach. Ihr Schleim tötet die Samenzellen in der Scheide ab.

Unter der **natürlichen Methode** werden Maßnahmen zur Bestimmung der *„fruchtbaren Tage"* im Monatszyklus verstanden. An diesen Tagen erfolgt der Eisprung. Beim Geschlechtsverkehr ohne Verhütungsmittel wird man mit hoher Sicherheit schwanger. Diese fruchtbaren Tage herauszufinden erfordert eine längere Selbstbeobachtung und einen stabilen Menstruationszyklus. Dieser kann aber schwanken, und auch der Eisprung erfolgt nicht immer in der Zyklusmitte.

Deshalb ist die reine **„Kalendermethode"** ziemlich unzuverlässig; es sollte mindestens vom 9. bis 16. Zyklustag ungeschützter Geschlechtsverkehr vermieden werden.

Größere Sicherheit gibt die **„Temperaturmethode"**. Hierbei wird täglich die Aufwachtemperatur (Basaltemperatur) gemessen und gewissenhaft notiert. Zum Zeitpunkt des Follikelsprungs steigt sie um etwa 0,5 °C an. Vom dritten Tag nach dem Follikelsprung an ist die Eizelle nicht mehr befruchtungsfähig. Bis zur nächsten Menstruation ist eine Befruchtung unwahrscheinlich.

Neuerdings gibt es **Minicomputer,** auch **„Babycomputer"** (Abb. 1) genannt, die durch Thermofühler die Temperaturwerte messen und daraus die fruchtbaren Tage berechnen. Ein anderer Typ macht das über die Messung der Hormonwerte im Urin der Frau mit einem Teststreifen.

Der **Schwangerschaftsabbruch** ist nur erlaubt, wenn zwingende medizinisch-soziale Gründe vorliegen und der Embryo nicht älter als 12 Wochen ist. Die Mutter muss vorher an einer Beratung teilnehmen. Gemeinsam werden alle Gründe für den Abbruch besprochen und auch auf mögliche Folgen (physische und psychische) bei diesem Eingriff hingewiesen.

Der Coitus interruptus („Aufpassen") ist der unterbrochene Geschlechtsverkehr. Es ist eine von jungen Leuten zwar immer noch oft praktizierte, aber sehr unsichere Verhütungsmethode.

Der Schwangerschaftsabbruch ist also kein Mittel zur Empfängnisverhütung.

Sexueller Missbrauch

Sexualität ist ein Wesensmerkmal des Menschen, sexuelle Beziehungen sind ein wichtiger Bestandteil menschlichen Verhaltens. Wenn zwei Menschen sich lieben und Zärtlichkeiten austauschen, so ist das etwas sehr Schönes, in körperlicher wie in geistig-seelischer Hinsicht.

Es gibt aber auch negative oder sogar abartig krankhafte Formen sexuellen Verhaltens. Das sind solche sexuellen Handlungen, die **gegen** den Willen der Betroffenen, an oder mit Minderjährigen und Abhängigen durch Verführung, Drohung oder Zwang vollzogen werden.

Ganz besonders abscheulich ist der **sexuelle Missbrauch** von Kindern. Er bedeutet, dass Mädchen oder Jungen zu sexuellen Handlungen verführt oder gezwungen werden, z. B. zum Anschauen oder Berühren der Geschlechtsorgane oder zum gewaltsamen Geschlechtsverkehr mit Verletzung oder sogar anschließender Tötung. Sexueller Missbrauch wird deshalb unter schwere Strafe gestellt.

Die Täter sind in solchen Fällen zumeist Personen, die ihre Opfer im Auto mitnehmen oder durch Geld, Geschenke, Süßigkeiten und Versprechungen an einsame Orte locken.

Es sind nicht immer Fremde, die Kinder missbrauchen, oft sind es Bekannte, Verwandte oder sogar Familienangehörige (Vater, Stiefvater, Bruder). Die strafbaren sexuellen Handlungen finden in solchen Fällen oft wiederholt über längere Zeit statt. Sie werden erst später aufgedeckt, weil die betroffenen Kinder durch Belohnungen oder Druck zum Schweigen gezwungen werden oder sich schämen, offen darüber zu sprechen.

Nicht jede Zärtlichkeit zwischen Erwachsenen und Kindern oder Jugendlichen ist gleich sexueller Missbrauch. Daher: Keine Panik, aber im Zweifels- oder Wiederholungsfall nicht schweigen, sondern offen *Rat* und *Hilfe* bei Vertrauenspersonen oder in Beratungsstellen suchen (z. B. bei Pro Familia, Gesellschaft für Familienplanung und Sexualberatung).

Beachte deshalb:
- Du darfst dich nicht in Gefahr begeben, z. B. niemals zu Fremden in ein Auto steigen und dich nicht an einsame Orte locken lassen.
- Du darfst dich nicht von Bekannten oder Verwandten zu sexuellen Handlungen überreden lassen, auch keine Belohnungen oder Geschenke dafür annehmen.
- Du sollst sofort mit den Eltern oder anderen Vertrauenspersonen sprechen, wenn jemand dich missbrauchen will oder missbraucht hat.
- Du musst lernen, „Nein!" zu sagen, wenn es dir unangenehm ist, wie dich jemand berührt.

Sex in den Medien

Im Fernsehen und Internet gibt es Sendungen, die Sex in verschiedenen Formen zum Inhalt haben. Viele sind für Kinder und Jugendliche als „nicht geeignet" eingestuft, weil sie verfrühte oder unrealistische Vorstellungen von Sexualität vermitteln. In Jugendzeitschriften (z. B. „Bravo") werden neben solchen Darstellungen auch nützliche Beiträge zur fundierten sexuellen Aufklärung von Jugendpsychologen publiziert. Kein junger Mensch sollte sein persönliches Verhalten nur nach dem „Sexbild" der Medien ausrichten. Das gilt noch mehr für pornografische Magazine und Videos aus Sexshops, zu denen Jugendliche unter 18 Jahren deshalb keinen Zutritt haben. Die dort ebenfalls verkauften Liebestropfen, Glückshormone und erotischen Hilfsmittel sind von zweifelhaftem Nutzwert. Das Sexualmedikament Viagra ist nicht ungefährlich und muss vom Arzt verschrieben werden.

Prostitution

Der Begriff Prostitution ist vom Lateinischen *prostituere* abgeleitet und bedeutet „sich öffentlich hinstellen". Als Prostitution werden alle sexuellen Handlungen gegen Entgelt bezeichnet. Es gibt eine Reihe von Umschreibungen für Prostitution, z. B. „ältestes Gewerbe der Welt" oder „horizontales Gewerbe".
Es gibt die unterschiedlichsten Formen von Prostitution. Ein Großteil der Prostituierten verdient seinen Lebensunterhalt mit Prostitution aus einer Not heraus. Andere verdienen sich gelegentlich etwas dazu.

Prostitution findet in verschiedenen Varianten statt, u. a. als
- Straßenprostitution (Straßenstrich): Die Prostituierten stehen an bestimmten, offiziell dafür vorgesehenen Straßenrändern und bieten sich potenziellen Kunden an.
- Wohnwagenprostitution: Die Prostituierten warten in Wohnwagen, die auf einsamen Parkplätzen oder Feldwegmündungen stehen, auf Kunden.
- Prostitution in Bordellen: Es gibt spezielle Häuser, in denen der Freier (Kunde) eine Prostituierte auswählen kann.

Das Gewerbe ist schon uralt und hat seine Wurzeln im Geschlechtstrieb von Männern. Viele Männer sind bereit, Geld für Sex auszugeben, Prostituierte decken diesen Markt ab. Deshalb konnte sich dieses Gewerbe entwickeln.

Aber Prostitution ist nicht immer freiwillig. Beispielsweise werden Frauen und Kinder aus wirtschaftlich schwachen Ländern von Menschenhändlern unter Vorspiegelung legaler Arbeitsmöglichkeiten an andere Orte verschleppt. Dort werden sie zunächst durch körperliche und seelische Gewalt und Freiheitsberaubung in persönliche und finanzielle Abhängigkeit gebracht und dann zur Prostitution gezwungen.
Ein anderer Grund für Prostitution ist u. a. auch, sich Geld für Drogen zu beschaffen.

Eine üble Form der Prostitution ist die **Kinderprostitution.** Nach Schätzungen von **UNICEF** werden weltweit etwa 3 bis 4 Millionen Kinder im Rahmen von Kinderprostitution kommerziell sexuell ausgebeutet.
Die Ursachen hierfür liegen u. a. in der Armut in der Dritten Welt. Laut UNICEF sterben jährlich 6 Millionen Kinder auf dieser Welt an Mangelernährung. Deshalb sieht man die Kinderprostitution in armen Ländern eher als notwendiges Übel an. Es ist schwer, in diesen Ländern Kinderprostitution zu bekämpfen, weil es keine Alternativen für die arme Bevölkerung gibt.

Auch der **Sextourismus** gedeiht auf dieser Grundlage. Kinder werden häufig aus wirtschaftlicher Armut von ihren eigenen Eltern zur Prostitution gezwungen.

Kinderprostitution gibt es auch in Deutschland. Die bekanntgewordenen Fälle finden jedoch in der Regel im familiären Umkreis statt.

gewusst · gekonnt

1. Definiere die Begriffe Sexualität und Fortpflanzung.

2. Stelle Geschlechtsorgane in einer Übersichtstabelle nach folgendem Muster zusammen.

Geschlechtsorgane	Mann	Frau
äußere		
innere		

3. Nenne und begründe
   a) allgemeine Maßnahmen der Intimhygiene bei beiden Geschlechtern,
   b) spezielle Maßnahmen und Mittel der Menstruationshygiene der Frau.

4. Beschreibe die Vorgänge des Geschlechtsverkehrs und der Befruchtung (Zeugung).

5. Beschreibe
   a) die Entwicklung der befruchteten Eizelle bis zur Einnistung in die Gebärmutter,
   b) die Entwicklung des Keimlings in den ersten Wochen,
   c) die Entwicklung des Embryos und des Kindes bis zur Geburt.
   Nutze das Lehrbuch und das Internet.

6. Erläutere mögliche Gefahren für die gesunde Entwicklung des Kindes im Mutterleib. Leite daraus Schlussfolgerungen für das Verhalten und die Lebensführung der werdenden Mutter ab.

7. Beschreibe die Pflege, Betreuung und Entwicklung des Babys im ersten Lebensjahr. Nutze deine Erfahrungen in der Familie.

8. Kennzeichne die Entwicklung in den nachgeburtlichen Lebensphasen des Menschen.

9. Informiere dich im Internet über das Thema „Homosexualität". Wie denkst du über Homosexuelle in unserer Gesellschaft und deren Forderungen nach Gleichberechtigung?

10. Für junge Liebespaare und auch für Eheleute ist es wichtig, selbst zu bestimmen und zu planen, wann sie ein Kind haben wollen. Für diese „Familienplanung" ist Schwangerschaftsverhütung sehr wichtig.
    a) Welche Methoden und Mittel gibt es zur Verhütung?
    b) Welche Mittel sind für junge Partner am besten geeignet? Begründe.

11. Erläutere die empfängnisverhütende Wirkung der „Pille" und die Grundprinzipien ihrer Einnahme. Stelle dabei einen Zusammenhang mit dem Menstruationszyklus der Frau her. Wende das Erschließungsfeld Regulation an.

12. Diskutiert über Probleme der Schwangerschaftsunterbrechung/Abtreibung.
    a) Kennzeichne Gründe (Motive) und mögliche Folgen solcher Eingriffe.
    b) Nenne die gesetzlichen Festlegungen hierzu im § 218 StGB.
    c) Stelle Argumente der Befürworter und Gegner der Abtreibung gegenüber.

13. Sexuell übertragbare Krankheiten unterliegen der Meldepflicht. Begründe.

14. Diskutiert über Meinungen und Fragen:
    a) zur Darstellung von Sex in den Medien und deren Auswirkungen
    b) zu Prostitution, Sexklubs und anderen Formen „käuflicher Liebe"
    c) zu sexueller Gewalt, Missbrauch von Kindern und Minderjährigen

Das Wichtigste auf einen Blick

Sexualität und Fortpflanzung

Hierunter versteht man die Unterscheidung von männlichem und weiblichem Geschlecht, die partnerschaftlichen Beziehungen zwischen den Geschlechtern und die damit verbundenen Vorgänge der Erzeugung von Nachkommen (Fortpflanzung).

Geschlechtsorgane

Junge und Mädchen, Mann und Frau unterscheiden sich durch primäre und sekundäre Geschlechtsmerkmale. Diese erlangen ihre volle Ausprägung in der Phase der Pubertät.

Geschlechtsverkehr und Befruchtung

Ungeschützter Geschlechtsverkehr kann zur Verschmelzung von Eizelle und Samenzelle (Befruchtung) und damit zur Empfängnis (Zeugung) führen. Das ist der Beginn einer Schwangerschaft.

Phasen der Individualentwicklung

Schwangerschaft und vorgeburtliche Entwicklung: Im Verlauf von 9 Monaten entwickelt sich in der Gebärmutter der Frau ein Keimling (Embryo) bis zum geburtsreifen Kind. Er wird über Mutterkuchen und Nabelschnur von der Mutter mit Nahrung und Sauerstoff versorgt.

Nachgeburtliche Entwicklung ist die Entwicklung des Organismus von der Geburt bis zum Tod. Sie umfasst mehrere Phasen, die durch typische Merkmale gekennzeichnet sind: Säuglings-, Kleinkind-, Vorschul- und Schulalter, Jugendalter (Pubertät), Erwachsenen- und Greisenalter.

Verhütungsmethoden

Für junge Partner am geeignetsten sind Kondome und „Antibabypillen".

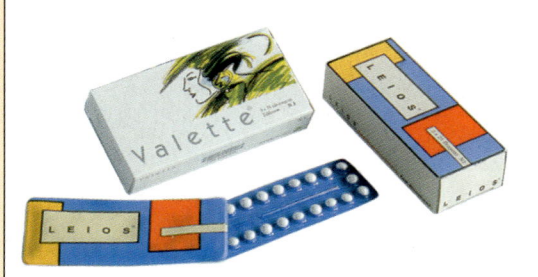

Geschlechtskrankheiten

Bei ungeschützten Sexualkontakten kann man sich mit den Erregern (Bakterien, Pilze, Viren, Einzellern) von verschiedenen **Geschlechtskrankheiten** sowie mit **Aids** anstecken.

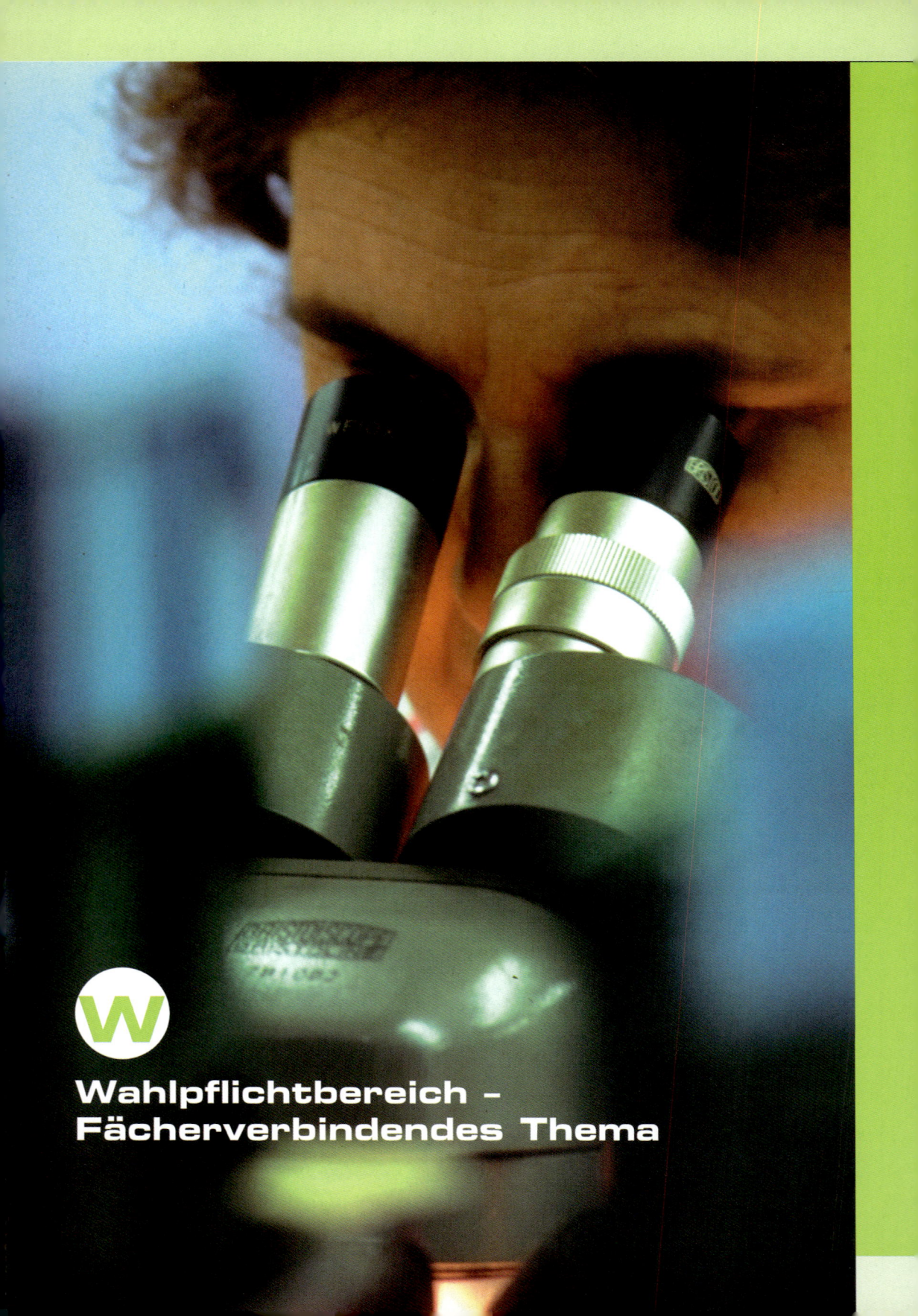

Wahlpflichtbereich – Fächerverbindendes Thema

Hinweise für die Gruppenarbeit an Projekten

Bei der Bearbeitung eines Themas in Form eines Projekts geht es darum, ein Thema weitgehend selbstständig zu bearbeiten. Konkret heißt das:
- Ideen zum Thema entwickeln
- Aufgaben stellen, die in Gruppen möglichst selbstständig bearbeitet werden können
- das Thema von unterschiedlichen Seiten betrachten

Damit das Projekt auch ein Erfolg wird, geht man am besten schrittweise vor.

Schritt 1

Ideenmarkt
Alles, was zum Thema passt, wird „auf den Tisch gepackt". Aus der Fülle der Ideen werden die zu bearbeitenden Themenbereiche ausgewählt und der jeweiligen Gruppe zugeteilt.

Schritt 2

Arbeitsplan
Jede Gruppe stellt für sich einen Arbeitsplan auf. Er sollte folgende Punkte unbedingt enthalten:
- Welche Fragen sollen in der Gruppe zum ausgewählten Themenbereich beantwortet werden?
- Welche Materialien oder Medien sollen genutzt werden?
- Welche Methoden sollen bei der Informationsbeschaffung angewendet werden?
- Welche Experimente möchte die Gruppe durchführen?
- Wer ist für welchen Bereich und für welche Frage zuständig?
- Welcher zeitliche Rahmen steht zur Verfügung?
- Wie sollen die Ergebnisse dargestellt werden?

Schritt 3

Arbeit am Projekt
Wenn Fragen bei der Arbeit auftreten, kann man sich an den Lehrer wenden.

Schritt 4

Ergebnispräsentation vor den Mitschülern
Hierbei muss man beachten, dass sich die Mitschüler mit anderen Fragestellungen beschäftigt haben.
Deshalb muss die Darstellung in kurzer und logischer Form erfolgen. Nur so können die anderen Mitschüler die Versuche und Ergebnisse verstehen und die gewonnenen Erkenntnisse auch nachvollziehen.

Schritt 5

Ergebnispräsentation im Schulhaus
Zum Abschluss des Projekts kann z. B. eine Wandzeitung oder ein Poster angefertigt werden. Die anderen Schüler können dann sehen, womit sich die Klasse beschäftigt hat und zu welchen Ergebnissen sie gekommen ist.

Projektstruktur

Projektidee
z. B. Stress und Stressbewältigung

Projektplan
z. B. Erarbeiten, was man unter Stress versteht; Stressfaktoren ausfindig machen; Strategien entwickeln, um Stress zu vermeiden

Projektdurchführung
z. B. Recherche in Fachbüchern und im Internet; Befragung von Mitschülern, Eltern und Lehrern, wodurch sie gestresst werden; Gespräche mit Psychologen zu Strategien

Projektpräsentation
z. B. Vortrag, Power-Point-Präsentation, Poster

Projekt

Stress und Stressbewältigung

Konfliktsituationen, wie sie bei Aggressionen vorkommen, aber auch nicht zu bewältigende Umweltsituationen wie Lärm, Hitze, Kälte sowie überhöhte Leistungsanforderungen, Unfälle, Ärger in der Schule oder bei der Arbeit, Liebeskummer usw. können bei uns zu unangenehm empfundenen Belastungen unseres Körpers führen. Sehr schnell wird dann gesagt, dass man unter **Stress** steht.

Der Körper befindet sich in einer **Belastungssituation** und reagiert darauf mit Verhaltensänderungen und Veränderungen der Körperfunktionen, ausgelöst durch das Nervensystem und Hormone.

Stressoren (Stressfaktoren)
Innere Faktoren sind z. B. Krankheitserreger und schwere Erkrankungen, Drogen, extreme soziale Belastung, Leistungsdruck (Unter-, Überforderungen), Ärger, Leid.
Äußere Faktoren sind u. a. extreme Hitze und Kälte, Lärm, Schadstoffe, Reizüberflutung, Ernährungs- und Schlafmangel, Veränderungen der Lebenssituation (z. B. Tod eines Freundes) sowie Verletzungen.

Die Auslöser von Stress sind die **Stressfaktoren** oder **Stressoren.** Sie regulieren die Anpassung des Körpers, damit dieser keinen Schaden nimmt. Stressoren können physikalischer, chemischer, medizinischer oder psychischer Art sein. Von ihrer Wirkungsrichtung her unterscheidet man innere Faktoren und äußere Faktoren.

Die durch Stressoren hervorgerufene Belastungssituation des Körpers ist für ihn eine Notstandssituation. In dieser Situation erfolgt die allgemeine Aktivierung der Körperfunktionen, die eine erhöhte Reaktion des Körpers auf alle Erscheinungen, die mit dieser Notstandssituation zusammenhängen (z. B. Kampf, Flucht), erlauben. Alle diese Erscheinungen bilden das **Fight-or-Flight-Syndrom** (Kampf-oder-Flucht-Syndrom).

Stressoren	Auswirkungen
innere	
äußere	

1. *Erforscht, welche Faktoren für euch, eure Freunde, Eltern und Mitschüler Stressfaktoren darstellen.*
   Stellt in einer Übersicht die Stressfaktoren zusammen und welche Auswirkungen sie auf die befragten Personen haben.

Stresssituationen entstehen durch Stressfaktoren. Ein wesentlicher Stressfaktor ist z. B. Lärm. Der immer in unregelmäßigen Abständen auftretende starke Lärm (über 90 dB) erregt im Innenohr die Hörsinneszellen. Die Erregungen werden vom Gehirn registriert. Der Lärm wird vom Menschen als unangenehm und gefahrvoll empfunden. Die dabei entstandenen Erregungen, die vom Gehirn ausgehen, erreichen über das Rückenmark das **Nebennierenmark** und lösen in ihm eine verstärkte Bildung und Abgabe von **Stresshormonen** *(Adrenalin, Noradrenalin)* aus.

Die Hormone werden in das Blut abgegeben und mobilisieren Energiereserven des Körpers, erhöhen seine Empfindlichkeit, erhöhen die Atemfrequenz, den Herzschlag und den Blutdruck.

Wahlpflichtbereich: Stress und Stressbewältigung

Biologie 79

Projekt

Die durch den Stressor Lärm lange ausgelösten unangenehmen und den Körper belastenden Empfindungen führen zur Abgabe von **Hypophysenhormonen.** Diese Hormone beeinflussen die **Nebennierenrinde** und regen die Bildung und Abgabe des Stresshormons *Cortisol* an. Dieses Hormon aktiviert ebenfalls die Funktion mehrerer Organe.

In der geschilderten Stresssituation muss durch die erhöhte Aktivität der Organe mehr Sauerstoff aufgenommen und transportiert werden. Gleichzeitig nehmen Zucker- und Fettgehalt im Blut zu. Dadurch werden auch die „Brennstoffe" zur Energiefreisetzung bereitgestellt.

Der Körper hat in kürzester Zeit auf volle Leistungsbereitschaft geschaltet. Der Stress hat unseren Körper also zu Höchstleistungen herausgefordert und sogar zur Steigerung der Widerstandskraft beigetragen.

2. Beschreibt die Veränderungen in eurem Körper, wenn eine Prüfung oder eine Klassenarbeit ansteht.

Kann die **Stresssituation nicht beendet** werden, können die Dauerbelastungen und die Körperfunktionsänderungen zu lebenslangen Schäden führen. Zuerst kommt es zur Schwächung des Immunsystems und damit zu erhöhter Infektionsanfälligkeit. Bei weiterem Stress (Dauerstress) kann es zu nervlichen Störungen und Erschöpfungszuständen des Körpers sowie zur Ausbildung organischer Erkrankungen kommen, z. B. zu Magengeschwüren, Bluthochdruck, Arteriosklerose und Herzinfarkt.

Führen die ständigen Dauerbelastungen zur Schädigung des Körpers, dann bezeichnet man diese Situation als **Distress.**

*Stress kann also positiv sein, wenn durch ihn der Körper aktiviert wird. Dieser Stress wird **Eustress** genannt.*

3. Befragt euren Hausarzt nach Auswirkungen von Dauerstress. Tragt zusammen, welche gesundheitlichen Folgen Dauerstress hat.

Projekt

Zur **Reduzierung und zur Bewältigung von Stress** gibt es verschiedene Möglichkeiten. Dazu gehören u. a. die genaue **Einteilung der eigenen Zeit** (Zeitmanagement) und die **Reduzierung der Störreize** (Reizmanagement). Dazu gehört aber auch, mit den Erregungen umgehen zu lernen.

Die **Einteilung der eigenen Zeit** ist ein wichtiger Punkt bei der Vermeidung und auch Bewältigung von Stress. Deshalb sollte man sich an Tagen, die übervoll mit Aufgaben sind, einen genauen Zeitplan machen. Dazu gehört, für alle planbaren Hauptaufgaben genaue Zeiten festzulegen. Folgende Grundregeln sollten beachtet werden:
- Arbeitsblöcke sollten nicht mehr als 60 Minuten umfassen.
- Nach einem Arbeitsblock ist eine kurze Pause von 5 bis 15 Minuten einzuschieben.
- Die aufeinanderfolgenden Arbeitsblöcke sollten sich unterscheiden (abwechslungsreich sein).
- Schwierige Arbeiten sollten zuerst und dann in die Zeit zwischen 8 und 12 Uhr sowie 15 und 19 Uhr gelegt werden.

4. *Begründet die Grundregeln aus physiologischer Sicht.*

Die **Analyse der störenden Reize** ist ebenfalls notwendig. Erst wenn man die Störreize identifiziert hat, kann man Maßnahmen ergreifen, sie zu beseitigen.

5. *Analysiert, welche Störreize auf euch am Nachmittag bei den Hausaufgaben einwirken. Schlagt Maßnahmen vor, diese zu beseitigen.*

Jeder Mensch und jeder Körper reagiert auf Stresssituationen und stressauslösende Reize mit einem eigenen Erregungsmuster. Das soll den Stress bewältigen helfen. Durch körperliche Betätigung und mentales Training kann man die Erregung in den Griff bekommen.

6. *Informiert euch über folgende Möglichkeiten genauer:*
   mentales Training (Stressimpfung)
   positive Selbstinstruktion
   Sport (welche Arten sind geeignet, Stress abzubauen?)

Wahlpflichtbereich: Stress und Stressbewältigung

Biologie 81

Projekt

Wenn eine Stresssituation vorhanden ist, dann ist der Körper oft nicht mehr so leistungsfähig oder nicht mehr aufnahmefähig.
Es gibt eine Reihe von Übungen, die sehr einfach sind, für die man keine Hilfsmittel benötigt und die helfen, sich zu entspannen, sich besser zu konzentrieren, und die gleichzeitig das Selbstbewusstsein stärken.

7. *Macht folgende Übungen unter Anleitung eures Lehrers.*
   Nehmt eine Decke als Unterlage oder führt diese Übungen in der Sporthalle durch.

Bauchatmen
Sauerstoff ist für die Versorgung unseres Körpers wichtig. Durch gezielte Atemübungen, kann man die Sauerstoffzufuhr verbessern. Dadurch wird gleichzeitig das Immunsystem gestärkt.

- Legt euch in entspannter Haltung auf den Rücken auf den Boden. Auf den Bauch kommt ein relativ schweres Buch.
- Atmet jetzt tief ein, sodass sich die Bauchdecke mit dem Buch deutlich hebt. Zählt in Gedanken langsam bis 5.
- Haltet den Atem an. Zählt dabei wieder in Gedanken langsam bis 5.
- Atmet langsam wieder aus. Dabei muss sich die Bauchdecke senken. Zählt in Gedanken langsam bis 5.
- Wiederholt diese Übung fünfmal. Ihr könnt sie langsam steigern bis auf 25-mal.

Stretching
Durch Stretching kann man Angst und Stress abbauen und gleichzeitig eine körperliche und geistige Beweglichkeit erreichen.

- Streckt den linken Arm nach oben, umfasst mit der rechten Hand den linken Oberarm und atmet tief ein.
- Drückt beim Ausatmen den gestreckten Arm nach hinten und übt mit der rechten Hand dabei jeweils einen Gegendruck aus.
- Führt anschließend die Übung mit dem anderen Arm aus.
- Übungen im Wechsel bis zu sechsmal wiederholen.

Yoga, Tai-Chi, Qigong und Akupressur sind Techniken, die das Ziel haben, die innere Balance des Körpers wieder herzustellen und im Sinne der traditionellen asiatischen Medizin die Lebensenergie im Körper harmonisch fließen zu lassen.

8. *Erkundigt euch über Herkunft, Geschichte und Übungen dieser Techniken. Vergleicht die Inhalte.*

Projekt

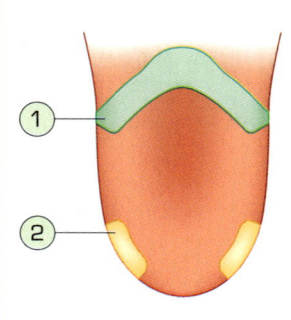

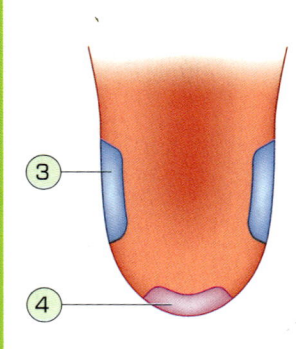

Erleben mit allen Sinnen

Beim Fußballspiel, beim Rockkonzert – überall kann man das Gleiche beobachten: Anfangs herrscht bei allen Fans eine große Anspannung und Aufregung. Dann, nach dem ersten Tor, dem ersten tollen Titel, hält die Menschen nichts mehr: Sie schreien, tanzen, pfeifen ...

Unsere **Sinne** sind die Fenster zur Welt: Durch sie nehmen die Besucher ihre Umwelt wahr, z. B. sehen sie ihre „Idole". Sie riechen die verschiedenen Gerüche ihrer Umgebung.
Mit unseren Sinnesorganen nehmen wir also Informationen aus der Umwelt auf und reagieren darauf entsprechend.

Durch **einfache Beobachtungen** und **Untersuchungen** kann man die Orte von Sinneszellen und die Reizschwellen sowie die Anzahl von Sinneszellen erkunden.

1. **Ermittelt die Orte der Geschmackssinneszellen**
   (jeweils 2 Schüler arbeiten zusammen)
   Materialien:
   Zuckerlösung (10%ig), Kochsalzlösung (2%ig), Speiseessig (5%ig), Chininlösung (0,1%ig) oder Magnesiumsulfatlösung (5%ig) oder Wermuttee, destilliertes Wasser, Wattestäbchen, 4 Plastikbecher, Filterpapier

   Durchführung und Beobachtung:
   - Bringt die Lösungen in je einen Plastikbecher und beschriftet sie.
   - Trocknet die vorgestreckte Zunge eures Mitschülers mit Filterpapier ab.
   - Tränkt ein Wattestäbchen mit einer Untersuchungslösung und betupft nacheinander Zungenspitze, mittleren Zungenrand, vorderen Zungenrand und Zungengrund mit dem Wattestäbchen.
   - Notiert die Ergebnisse.
   - Der Mitschüler spült die Mundhöhle mit destilliertem Wasser aus, die Zunge wird wiederum abgetrocknet.
   - Führt die gleiche Untersuchung mit den drei verbliebenen Lösungen durch.

   Auswertung:
   - Nennt die vier ermittelten Geschmacksqualitäten (1–4).
   - Beschreibt, an welchen Stellen der Zunge ihr sie besonders intensiv empfunden habt.
   - Fertigt ein Protokoll an.

Wahlpflichtbereich: Erleben mit allen Sinnen

Biologie

Projekt

2. Ermittelt die Schwellenwerte für Geschmacksreize
   (jeweils 2 Schüler arbeiten zusammen)

Materialien:
verschiedene Konzentrationsstufen von Rohrzuckerlösung (0,2 %; 0,5 %; 0,8 %; 1,2 %; 1,5 %) und Kochsalzlösung (0,1 %; 0,2 %; 0,3 %; 0,4 %; 0,5 %);
10 Reagenzgläser, Reagenzglasständer, Augenbinde, destilliertes Wasser

Durchführung und Beobachtung:
- Verbindet dem Mitschüler die Augen.
- Der Mitschüler hat die verschiedenen Konzentrationsstufen jeweils einer Lösung in wechselnder Reihenfolge auf ihren Geschmack zu prüfen. Dazu gebt ihr ihm jeweils einen kleinen Schluck Lösung aus dem entsprechenden Reagenzglas.
- Der Mitschüler nennt positive, negative oder unsichere Geschmacksempfindungen.
- Die Ergebnisse werden in einer Tabelle notiert.
- Nach jeder Probe ist der Mund mit destilliertem Wasser zu spülen.

Auswertung:
- Nennt die Reizschwellen, die für Rohrzucker- und Kochsalzlösung ermittelt wurden.
- Fertigt ein Protokoll an.
- Vergleicht die Ergebnisse mit den Ergebnissen der anderen Schülergruppen.

Rohrzuckerlösung

Kochsalzlösung

3. Ermittelt einige Geruchsqualitäten

Materialien:
Parfüm; Backaromen wie Rum, Bittermandel, Zitrone; Benzin oder Alkohol (Ethanol)

Durchführung und Beobachtung:
- Öffnet die Fläschchen mit den Flüssigkeiten.
- Fächelt euch den herauskommenden Duft mit der Hand zu.
- Beschreibt den Geruch mit Adjektiven wie würzig, faulig, süß ...

Auswertung:
- Nennt die Geruchsqualitäten, die ermittelt werden konnten.
- Fertigt ein Protokoll an.

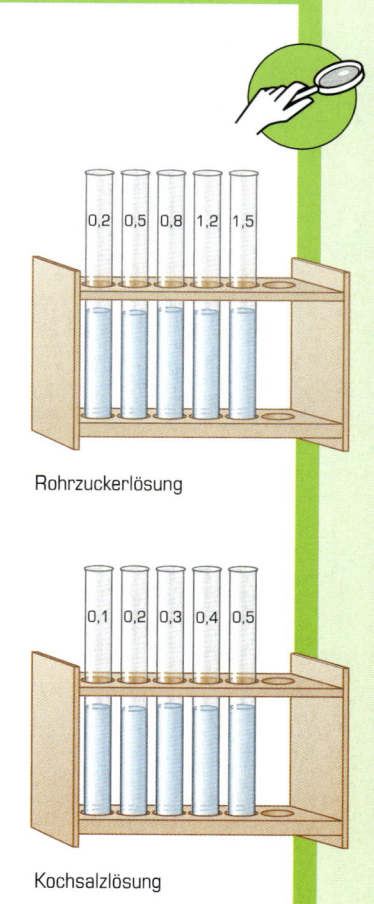

Projekt

4. Ermittelt die Bedeutung der Ohrmuscheln

Materialien:
Wecker auf einem Teller, Papierblatt

Durchführung und Beobachtung:
- Führt folgende Untersuchungen durch und achtet dabei auf die Lautstärke des Schalls, den das Ticken des Weckers verursacht:
  - Ohrmuscheln nach hinten an den Kopf drücken.
  - Ohrmuscheln rechtwinklig nach vorne drücken.
  - Beide Handflächen muschelförmig hinter die Ohren legen.
  - Ein aus Papier gedrehtes „Hörrohr" in eine Ohröffnung stecken.
- Notiert jeweils das Ergebnis der Untersuchung in einer Tabelle.

Auswertung:
- Welche Veränderungen der Lautstärke habt ihr festgestellt?
- Leitet aus den Ergebnissen die Bedeutung der Ohrmuscheln für das Hören ab.

Stellung der Ohrmuschel	Empfundene Lautstärke
Ohrmuschel nach hinten an Kopf gedrückt	

5. Ertastet Naturgegenstände (Gruppenspiel)

Materialien:
Blätter (z. B. Eichenblätter – charakteristische Form; Hasel – behaarte Oberfläche; Nadeln von Tanne, Kiefer und Fichte), Rinde, verschiedene andere Naturgegenstände, Augenbinde

Durchführung und Beobachtung:
- Die Schüler sitzen mit verbundenen Augen im Kreis. Die Hände halten sie auf dem Rücken.
- Der Spielleiter (ein Schüler oder ein Lehrkraft) gibt dem ersten Schüler ein Laubblatt in die Hand. Dieser muss nun durch Tasten herausfinden, um welches Blatt es sich handelt. Dann gibt dieser Schüler es dem nächsten vorsichtig weiter.
- Auf diese Weise werden unterschiedliche Blätter (oder andere Naturgegenstände) in die Runde gegeben. Die Mitspieler müssen jeweils durch Tasten herausfinden, um welches Blatt (Naturgegenstand) es sich handelt, und sich den Namen merken.
- Am Ende sammelt der Spielleiter alle Blätter (Naturgegenstände) wieder ein. Die Schüler dürfen die Augenbinde abnehmen und müssen nun die Namen aller erkannten Blätter (Naturgegenstände) und auch eine Kurzbeschreibung dazu (wie hat es sich angefühlt) auf einen Zettel schreiben.

Mit dem Verbinden der Augen bekommen die anderen Sinnesorgane eine andere Bedeutung:
Ohren – registrieren Geräusche der Natur.

Der Spielleiter legt das entsprechende Blatt (Naturgegenstände) in die Mitte.

Auswertung:
Es wird wieder ein Kreis gebildet. Jeder Schüler stellt ein erratenes Blatt (Naturgegenstand) gemeinsam mit der Kurzbeschreibung vor.

Biologie | **85**

Projekt

Erste Hilfe bei Verletzungen der Blutgefäße und des Stütz- und Bewegungssystems

Bei Unfällen werden häufig Blutgefäße verletzt. Da es verschiedene Arten von Blutgefäßen gibt, unterscheidet man auch zwei Arten von Blutungen: *Blutungen aus Venen* und *Blutungen aus Arterien*.

Werden **Venen** beschädigt, sickert dunkelrotes Blut gleichmäßig pulsierend aus der Wunde. Zur Blutstillung genügt ein **Druckverband** unmittelbar an der offenen Wunde (Abb. 1 u. a). Dabei wird eine sterile Wundauflage auf die Blutungsstelle gelegt. Diese wird 2- bis 3-mal mit einer Binde umwickelt. Anschließend wird ein Druckpolster, z. B. ein Verbandspäckchen, unmittelbar über den Wundbereich gelegt. Mit der restlichen Binde wird das Druckpolster fest umwickelt (Abb. b). Der Druck des Verbands darf nicht so stark sein, dass Durchblutungsstörungen und Abschnürungen am Körper hinter dem Druckverband entstehen. Deshalb regelmäßig kontrollieren!

1. Legt unter Anleitung eures Lehrers einen Druckverband (nach obiger Anleitung) an.

Tritt aus einer Wunde stoßweise und manchmal spritzend hellrotes Blut aus, ist eine **Arterie** verletzt. **Arterienblutungen** sind lebensgefährlich. Zur Blutstillung reicht ein Druckverband nicht aus. Bei allen spritzenden Blutungen wird die Arterie herzaufwärts vor der Blutungsstelle zusammengedrückt (abgedrückt) und gegen einen Knochen gepresst, damit der Blutzufluss vom Herzen zur Wunde unterbrochen wird. Anschließend wird ein Druckverband angelegt und erst dann kann das Abdrücken der Arterie unterbleiben. Ist ein Druckverband sehr stark durchblutet, wird ein zweiter mit etwas erhöhtem Druck darüber gewickelt.

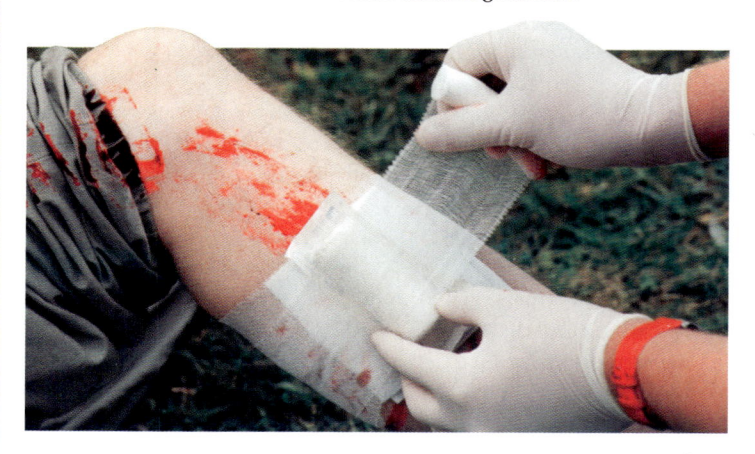

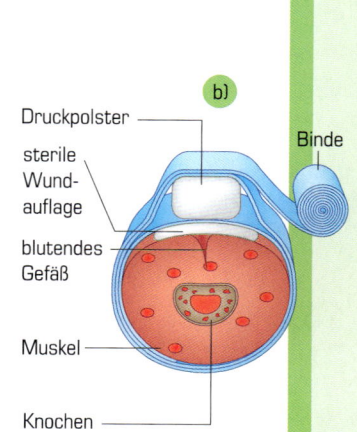

1 ▸ Anlegen eines Druckverbands

Projekt

Verletzungen des Stütz- und Bewegungssystems können durch Überlastung, Sturz oder Gewalteinwirkung bei Sport- oder Verkehrsunfällen zustande kommen.

Anzeichen für Knochenbrüche und Gelenkverletzungen sind u. a. starke Schmerzen, Bewegungsunfähigkeit des betroffenen Körperteils, Schwellungen, Blutergüsse, Fehlstellungen.

Von **Knochenbrüchen** sind am häufigsten die langen Röhrenknochen der Arme und Beine, das Schlüsselbein und die Rippen betroffen, seltener Schädel, Wirbel und Becken. Man unterscheidet einen „geschlossenen" Bruch und einen „offenen" Bruch (Abb. a u. b).

a geschlossener Bruch

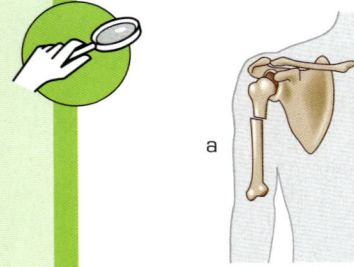

b offener Bruch

2. *Worin unterscheiden sich offener und geschlossener Bruch? Informiert euch über Maßnahmen der Ersten Hilfe bei beiden Bruchformen.*
3. *Legt bei einem Mitschüler einen Not-Stützverband an.*

Gelenkverletzungen werden durch übermäßige Dreh- und Zugbelastung verursacht. Dabei kommt es zur Verschiebung der Gelenkteile, verbunden mit Zerrung oder Reißen der Gelenkbänder. Man unterscheidet **Verstauchung** und **Verrenkungen** (Abb. c).

c Verrenkung des Schultergelenks

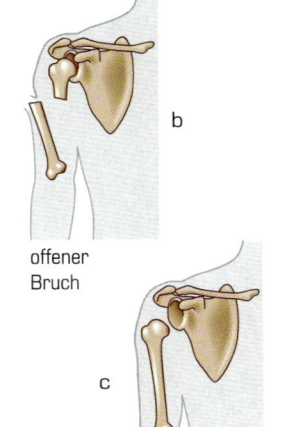

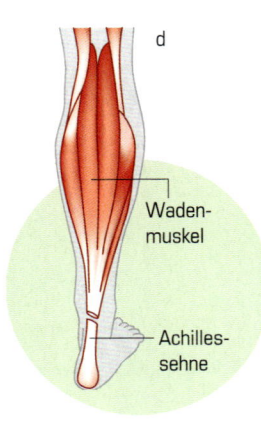

4. *Wann spricht man von einer Verstauchung, wann von einer Verrenkung? Welche Maßnahmen der Ersten Hilfe sind bei beiden Verletzungen notwendig?*

Muskelverletzungen entstehen durch plötzliche oder übermäßige Belastungen, durch Stöße oder Schläge auf die Muskulatur. Das führt zu Muskelprellungen, Zerrungen, Muskelfaserrissen. Anzeichen hierfür sind stechende Schmerzen, Schwellungen und Blutergüsse.

d Wadenmuskel, Achillessehne

5. *Nennt Maßnahmen der Ersten Hilfe bei Muskelverletzungen.*

Durch plötzliche Muskelbelastung kann es zu einem Achillessehnenriss kommen (Abb. d). Risse ganzer Muskeln oder Sehnen erfordern operative Behandlung und eine längere Heilungszeit.

Grundregeln der Ersten Hilfe für Verletzungen an Knochen und Muskeln sind u. a.:
- betroffenen Körperteil nicht bewegen, sondern ruhigstellen
- feuchtkalte Umschläge gegen Schwellung und Schmerzen anlegen
- den Verletzten beruhigen
- über einen anderen Helfer den Arzt oder Krankentransport anfordern (Telefon 110 oder 112)

Wahlpflichtbereich: Luft – der Stoff, der uns umgibt

Biologie 87

Fächerverbindendes Thema

Luft – der Stoff, der uns umgibt

Die **Lufthülle** unserer Erde ist, gemessen an ihrem Radius, hauchdünn. Etwa 75 Prozent der Luftmassen sind in einer nur etwa 11 km dicken Schicht über dem Boden enthalten. Hier spielt sich das gesamte Wettergeschehen ab. Angaben über die Zusammensetzung der Luft beziehen sich im Allgemeinen auf die Troposphäre.

1. *Informiert euch über die Zusammensetzung der Luft in der Troposphäre. Erstellt ein Säulendiagramm, das den Anteil der vier wichtigsten Bestandteile der Luft widerspiegelt.*
2. *Ermittelt 14 Tage lang folgende Wetterdaten einmal täglich zur gleichen Uhrzeit: Temperatur, Luftfeuchtigkeit und Luftdruck. Stellt die Werte in einem Diagramm dar.*

Das für das Leben auf der Erde notwendige Ozon befindet sich zu 90 Prozent in der Ozonschicht. Sie ist u. a. durch Fluorchlorkohlenwasserstoffe (FCKWs) gefährdet.

3. *Informiert euch in den Medien und bei Umweltschutzverbänden zum Thema Ozon. Beachtet dabei folgende Schwerpunkte:*
   - *Wirkung des Ozons*
   - *die Bedeutung der FCKWs im Zusammenhang mit der Ozonschicht*
   - *Wirkung der UV-Strahlen und Tipps für sinnvolle Verhaltensweisen*

Gase wie die Luft haben eine Gewichtskraft und können dadurch einen Schweredruck verursachen, den man **Luftdruck** nennt (Abb. unten). Er wirkt auf alle Körper der Erde, auch wenn wir ihn nicht immer spüren. Der Luftdruck bewirkt z. B., dass ein Haken mit Saugnapf an einer glatten Fläche befestigt werden kann oder ein Konservenglas fest verschlossen bleibt. Der Luftdruck ist direkt über der Meeresoberfläche am größten und beträgt dort im Durchschnitt 101,3 kPa. Dieser Druck wird als **Normdruck** bezeichnet. Der Luftdruck nimmt mit zunehmender Höhe ab.

Der Luftdruck wird oft in der Einheit 1 Pascal (1 Pa) (1 Pa = 1 N/m^2), 1 Millibar (1 mbar) oder 1 Hektopascal (1 hPa) angegeben.
Es gilt: 101,3 kPa = 1 013 hPa = 1 013 mbar.
Alte Einheiten sind 1 Torr und 1 Atmosphäre (1 at). Es gilt:
1 at = 9,81 · 10^4 Pa, 1 Torr = 133,32 Pa.

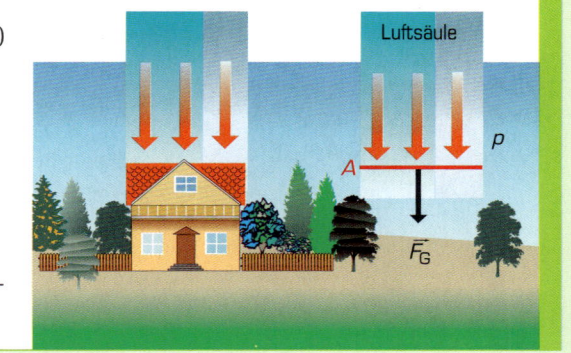

4. *Rechnet den Normdruck in Torr und Atmosphären um.*

Fächerverbindendes Thema

Luft und Atmung
Ein Mensch kann nur kurze Zeit die Luft anhalten, dann muss er tief einatmen. Wenn er das nicht kann, wird er bewusstlos. Die Atmung ist nicht nur für den Menschen ein lebensnotwendiger Vorgang.

5. Begründet, warum die Luft für die Atmung so wichtig ist. Geht dabei auch auf die Zusammensetzung der Luft ein.

„ppm" ist die Angabe für eine sehr geringe Stoffkonzentration und bedeutet parts per million, also 1 Millionstel (0,0001 %) bzw. 1 Milliliter je Kubikmeter (ml/m³).

Ein Kohlenstoffdioxidgehalt von 1 500 ppm darf im Raum ohne Lüftung nicht überschritten werden. Stehen jedem Schüler 10 m^3 Luft zur Verfügung, wird dieser Wert schon nach 40 Minuten erreicht.

6. a) Messt euren Klassenraum aus. Berechnet das Luftvolumen in diesem Raum. Welches Luftvolumen steht je Schüler in eurem Klassenraum zur Verfügung?
   b) Berechnet, in welcher Zeit der Richtwert im Klassenraum überschritten wird. Welche Schlussfolgerungen sind daraus abzuleiten?
7. Welche physiologischen Auswirkungen hat es, wenn in einem Raum längere Zeit nicht gelüftet wird? Leitet Maßnahmen ab.

Luftschadstoffe
Durch die Verbrennung von Erdöl, Erdgas und Kohle, durch intensive Tierhaltung, durch die Verwendung von Chemikalien, durch Auto- und Flugzeugabgase und die zunehmende Industrialisierung werden **Schadstoffe** abgegeben.
Aber auch natürliche Quellen tragen zur Belastung bei. Bei jedem Gewitter oder Waldbrand entstehen ebenfalls Schadstoffe.

8. Der Anteil an Schadstoffen in der Luft wird regelmäßig gemessen und bewertet. Erkundigt euch, welche Stoffe dabei erfasst werden.
9. Befragt örtliche Behörden über die Luftqualität in Sachsen und in eurem Heimatort.
   Informiert euch über die Ursachen der Verschmutzungen und über die Wirkung von Luftschadstoffen auf Organismen und auf Gebäude. Nutzt dazu das Internet.

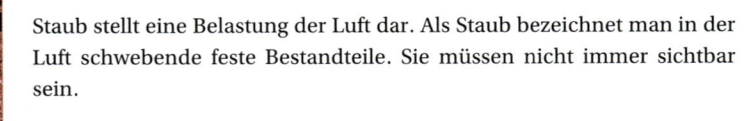

Staub stellt eine Belastung der Luft dar. Als Staub bezeichnet man in der Luft schwebende feste Bestandteile. Sie müssen nicht immer sichtbar sein.

10. Welche Staubbelastung gibt es auf dem Schulhof und im Schulumfeld?

Fächerverbindendes Thema

Besonders die Belastung der Luft mit Schwefeldioxid spielt eine Rolle. Das Gas wird beispielsweise bei der Verbrennung fossiler Energieträger freigesetzt. Der Schadstoff wirkt als Atemgift direkt auf Lebewesen, ist aber auch an der Bildung von saurem Regen und Wintersmog beteiligt.

11. *Beobachtet die Wirkung von Schwefeldioxid auf Pflanzen. Geht dabei genau nach folgender Anleitung vor.*

    Vorbereitung:
    Geräte und Chemikalien: 2 Zimmergewächshäuser, Verbrennungslöffel, Schwefel, Pflanzenmaterial, Brenner

    Durchführung:
    - Bringt verschiedene Pflanzen (Salat, Rettich, Kresse usw.) zur Keimung und setzt sie auf die beiden Zimmergewächshäuser verteilt ein.
    - Haltet ein Verbrennungslöffel mit brennendem Schwefel 5 s lang in einen der Behälter. (Vorsicht: Unter dem Abzug arbeiten!)
    - Wiederholt das Einbringen des Schwefeldioxids nach fünf Tagen.

    Beobachtung und Auswertung:
    - Führt Protokoll. Notiert in einer Tabelle, welche Pflanzen verwendet worden sind.
    - Beobachtet die Entwicklung der Pflanzen in beiden Gewächshäusern täglich und beschreibt die Veränderungen.

12. *Informiert euch über die Ursachen von Winter- und Sommersmog.*
13. *Wie kommt der „saure Regen" zustande und welche Wirkungen hat er auf Pflanzen und Bauwerke?*
14. *Welche Auswirkungen hat die Luftverschmutzung auf den Menschen? Erkundigt euch dazu bei eurem Hausarzt.*
    Leitet Schlussfolgerungen ab.

A
Aderhaut 12
Adrenalin 48, 52, 53
Aids 63, 70
Akkommodation 17, 23
Alkoholsüchtig 41
Altersweitsichtigkeit 20
Antibabypille 70
Arterie 85
Arterienblutung 85
Atemgift 89
Auge 7, 12–14, 21, 23
 – Anpassungen 16
 – Verletzungen 21
Augenarzt 21
Augenbrauen 12
Augenhöhle 12
Augenkammer 13
Augenlider 12
Austreibungsphase 66
Axon 26

B
Bauchatmen 81
Bauchspeichel-
 drüse 47, 48
Befruchtung 62, 75
Begattung 62
Beratungsstellen 42
Bewegungsenergie 11
Bewegungs-
 nerven 8, 25, 36
Bewegungssystem 85, 86
Bindehautentzündung 21
biologische
 Regelung 52, 55
biologischer
 Regelkreis 50
bisexuell 58
blinder Fleck 13, 15
Blutgefäße 85
Blutzuckerspiegel 52

C
Chemisches Energie 11

D
Dendriten 26
Diabetes mellitus 53
Distress 79
Drogen 40
 – illegale 41
 – legale 41
Drogenprobleme 42
Druckverband 85

E
Ecstasy 41
Eibläschen 60
Eierstöcke 49
Eileiter 60
Eisprung 60
Eizelle 60, 62
Ejakulation 59, 62
elektrische Energie 11
Empfindungs-
 nerven 8, 25, 36
Endknöpfchen 27
Energie 11
Entwicklung
 – nachgeburtliche 64
 – vorgeburtliche 64
Erbrechen 36
Erektion 59
Eröffnungsphase 66
Erregung 8
Erste Hilfe 85
Erwachsenenalter 69

F
Farbenblindheit 18
Farbensehen 15, 18
Farbensinnstörungen 18
Fetus 64
Follikel 60
Follikelsprung 60
Fortpflanzung 58, 75
Fruchtblase 65

G
Gebärmutter 60, 64
Geburt 66
Gehirn 19, 28
Gehirnerschütterung 38
gelber Fleck 13
Gelenkverletzung 86
Geruchsqualitäten 83
Geschlechts-
 krankheiten 70, 75
Geschlechtsorgane 60, 75
Geschlechtsreife 57
Geschlechts-
 verkehr 62, 75
Geschmacksreize 83
Geschmacks-
 sinneszellen 82
Glaskörper 13
Glucagon 52
Glykogen 53
graue Substanz 28, 34
Greisenalter 69
Großhirn 28
Großhirnmark 28

H
Haschisch 41
Hepatitis 63
heterosexuell 58
Hilfseinrichtungen 12
Hirnanhangdrüse 47, 61
Hoden 59
homosexuell 58
Hormondrüsen 46, 48
Hormone 45–49
Hormonsystem 45–47, 55
Hornhaut 12
Hypophyse 47, 61

Hypophysenhormone 79
Hypothalamus 47

I
Individualentwicklung 75
Information 10, 26, 29
Informationsaufnahme 7
Informations-
 überträger 45
Informations-
 verarbeitung 24
Insulin 48, 52

J
Jugendalter 69

K
Keimdrüsen 48
Kinderprostitution 73
Kleinhirn 28
Kleinkind 68
Kleinkindalter 68
Kniesehnenreflex 36
Knochenbrüche 86
Kondome 70
Kontaktlinsen 20
Kropfbildung 49
Kurzsichtigkeit 20
Kurzzeitgedächtnis 29

L
Lageenergie 11
Lähmungen 38
Langzeitgedächtnis 29
Lärm 78
Lederhaut 12
Lesebrille 20
Lichtenergie 11
Lichtstärken 15
Lidschlussreflex 36
Liebe 57
Linse 12, 13

Luft 87
Luftdruck 87
Lufthülle 87
Luftverschmutzung 89

M
Marihuana 41
menchanische Reize 10
Menstruationszyklus 49, 61, 70
Merkfähigkeit 29
Minicomputer 71
mittelfristiger
 Speicher 29
Mittelhirn 28
motorische Nerven 8
Mutterkuchen 64

N
Nabelschnur 65
nachgeburtlicher Lebens-
 abschnitt 68
Nachgeburtsphase 66
Nachhirn 28
Nachkommen 58
Nachtblindheit 14
Nahsehen 17
Nase 10
Nasenschleimhaut 10
Naturgegenstände 84
Nebennieren 48
Nebennierenrinde 79
Nebenschilddrüsen 48
Nerven 8, 24
Nervenimpuls 8, 27
Nervensystem 38
Nervenzelle 24, 26
Nervenzellkörper 26
Netzhaut 13
Niesen 36
Normdruck 87

O
Ohrmuschel 84
optische Täuschung 19
Östrogen 48
Ozon 87

P
Parasympathikus 25
peripheres Nervensystem 25
Pigmentschicht 13
Pille 70
Pilzinfektion 63
Projekt 77
Prostitution 73
Pubertät 57, 69
Pupille 12, 16
Pupillenadaptation 16, 23
Pupillenreflex 16

R
räumliches Sehen 18
Reaktionen 8
Reflexbogen 35
Reflexe
 – bedingte 37
 – erworbene 37
 – unbedingte 35
Regelprozess 61
Regenbogenhaut 12
Regulation 50, 52
Reiz 80
Reizbarkeit 8
Reizüberflutung 38
Riesenwuchs 45
Rindenfelder 28
Ringmuskel 12
Rückenmark 34

S
Samenerguss 59, 62
Samenflüssigkeit 59

Samenzellen 59
Sammellinse 14
Säuglingsalter 68
Saugreflex 35
Schadstoff 89
Scheidenpessar 70
Schilddrüse 48, 49
Schlaf 39
Schlafdauer 39
Schlafphasen 39
Schlafstörungen 39
Schlüssel-Schloss-Prinzip 46
Schulalter 68
Schutzbrille 21
Schutzreaktion 36
Schutzschild 21
Schwangerschaft 64, 67
Schwangerschafts-
    abbruch 71
Schwangerschafts-
    verhütung 70
Schwellenwert 83
Sehfehler 20
Sehfeld 14
Sehnerv 13, 14
Sehpurpur 14
Sehvorgang 14, 23
Selbsthilfegruppen 42
sensible Nerven 8
Sextourismus 73
Sexualhormon 59, 61
Sexualität 57, 72, 75
sexueller Missbrauch 72
Signalreize 37
Sinne 10, 82
    – Druck- und
        Berührungssinn 10
    – Gehörsinn 10
    – Geruchssinn 10
    – Geschmackssinn 10
    – Gesichtssinn 10

– Gleichgewichts-
    sinn 10
– Temperatursinn 10
Sinnesorgane 7, 9, 23
Sinneszellen 9
Sonnenbrille 21
Sperma 59
Spirale 71
Stäbchen 14
Störreize 80
Stress 78, 80
Stressbewältigung 78
Stressfaktoren 78
Stressoren 78
Stresssituation 78, 79, 81
Stützsystem 85
Suchtmittel 40
Sympathikus 25
Synapse 27
Syphilis 63

T

Thymusdrüse 48
Tierdressur 37
Tod 69
Tränendrüsen 12
Tripper 63
Typ-I-Diabetes 53
Typ-II-Diabetes 53

U

Übergewicht 53

V

vegetatives Nerven-
    system 25
Venen 85
Verhütungsmethoden 75
Verhütungsmitteln 62
Vorschulalter 68

W

Wahrnehmung 8
Wechselwirkung 51
weiße Substanz 28, 34
Weitsichtigkeit 20
Wimpern 12

Z

Zapfen 14
Zentralnerven-
    system 24–26
Ziliarkörper 12
Ziliarmuskel 17
Zuckerkrankheit 53
Zwergenwuchs 45
Zwischenhirn 28

Bildquellenverzeichnis

akg-images: 37/2; argus FOTOARCHIV, Hamburg: 42/1; BackArts GmbH: 14/2; Prof. J. Baumüller, Stuttgart: 89/1; blickwinkel/H. Schmidbauer: 16/1a, 2a; Condomi AG, Köln: 70/1; Corel Photos Inc.: 4/5, 11/2; Klaus Rose/Das Fotoarchiv, Essen: 49/1; Deutsches Rotes Kreuz: 5/4; Deutsches Rotes Kreuz, Generalsekretariat, Berlin: 85/1; Duden Paetec GmbH: 15/1, 16/1b, 2b, 22/1a, b, 23/1, 2, 26/1a; Aflo/F1 ONLINE: 38/1; N. Geist, Berlin: 68/2; H. Halle, Charité, Berlin: 63/1; A. Held, Falkensee: 3/2, 11/1; R. Jonas, Alsfeld: 65/1, 2; KWT Kälte-Wärme-Technik AG, Belp: 50/2; Lady-Comp/Baby-Comp, Karlsruhe: 71/1b; Dr. G. Liesenberg, Berlin: 9/1; H. Mahler, Berlin: 4/1, 10/5, 45/5, 70/2, 75/1, 83/3; Doc Max/mauritius images: 6/1; 10/1; mauritius images/FOODPIX/©John E. Kell: 7/1, 10/3; mauritius images/age fotostock: 21/2; mauritius images/John Curtis: 80/3; mauritius images/Manfred Habel: 53/1; mauritius images/Merten: 79/1; mauritius images/Ley: 67/2; mauritius images/Phototake: 21/1, 27/1; mauritius images/Stock Images: 69/1b; Medicalpicture: 3/4, 24/5; Prof. Dr. L. Meyer, Potsdam: 5/6, 78/1; Natura 2000/S. Kerscher: 4/7, 57/1, 62/2; Pendragon Medical AG, Zürich: 45/3; Photo Disc Inc.: 3/6, 4/6, 5/1, 3, 5, 11/3, 37/1, 57/3, 67/1, 69/1a, 76/1, 88/1, 2; PHYWE SYSTEME GmbH & Co. KG, Göttingen: 33/1; picture-alliance/dpa: 39/1, 45/1; picture-alliance/dpa/dpaweb: 36/1, 50/1; picture-alliance/KPA: 75/2; picture-alliance/OKAPIA, Frankfurt am Main: 11/4, 24/3; picture-alliance/Picture Press, Frank P. Wartenberg: 56/1; picture-alliance/ZB: 20/2; picture-alliance/Picture Press: 66/2; U. Schmidt, Bad Lausick: 51/1; Siemens AG/München: 4/4, 5/2, 80/2, 81/1; Silvestris GmbH, Kastl: 35/2, 57/5; STOWA, Engelsbrand: 7/3; Techniker Krankasse, Hamburg: 73/1; Tordjmann, Cohen u. a. „Mann und Frau", Bd. 3 (Hachette Jeunesse Verlag, Paris): 71/1a; ullstein – ddp: 58/1; VW AG, Wolfsburg: 3/3; Zefa visual media group: 68/1

Titelbild: Liebespaar im Getreidefeld, Dolphin Productions/mauritius images

Tätigkeiten im Biologieunterricht

Im Zusammenhang mit dem Erkennen bestimmter biologischer Zusammenhänge und Gesetzmäßigkeiten gibt es eine Reihe von Tätigkeiten, die immer wieder durchgeführt werden. Solche Tätigkeiten praktischer Art sind im Biologieunterricht u. a. das Sammeln bzw. Fangen von Organismen, Bestimmen von Organismen und Betrachten. Das Beschreiben, Vergleichen, Erläutern, Begründen und Klassifizieren sind Tätigkeiten geistiger Art.

Betrachten mit der Lupe
Mit einer Lupe kann man Organismen bzw. deren Teile wesentlich größer sehen als mit bloßem Auge. Gebräuchlich sind Lupen, die ein 5- bis 15-fach vergrößertes Bild des untersuchten Objekts zeigen.

Experimentieren
Beim Experimentieren wird eine Erscheinung der Natur unter ausgewählten, kontrollierten, wiederholbaren und veränderbaren Bedingungen beobachtet, um ihre Ursachen zu erkennen. Die Ergebnisse werden registriert und bewertet.

Bestimmen von Organismen
Bestimmen ist das Feststellen der Namen von unbekannten Organismen aufgrund charakteristischer Merkmale mithilfe von Tabellen, Abbildungen oder Bestimmungsschlüsseln.

Vergleichen
Beim Vergleichen werden gemeinsame und unterschiedliche Merkmale von zwei oder mehreren Vergleichsobjekten (z. B. Gegenstände, Erscheinungen, Vorgänge, Prozesse, Aussagen) ermittelt und dargestellt.

Definieren von Begriffen
Beim Definieren wird ein Begriff durch wesentliche, gemeinsame Merkmale (artbildende Merkmale) eindeutig bestimmt und von anderen Begriffen unterschieden. Dazu wird häufig noch ein Oberbegriff angegeben.

Beschreiben von Gegenständen oder Erscheinungen

Beim Beschreiben wird mit sprachlichen Mitteln zusammenhängend und geordnet dargestellt, wie ein Gegenstand oder eine Erscheinung in der Natur beschaffen ist, z. B. welche Merkmale ein Lebewesen aufweist oder wie ein Vorgang abläuft. Dabei werden in der Regel äußerlich wahrnehmbare Merkmale dargestellt.

Man beschränkt sich beim Beschreiben meist nur auf Aussagen über wesentliche Merkmale des Gegenstands oder der Erscheinung.

Untersuchen (Beobachten mit Hilfsmitteln)

Beim Untersuchen erforscht man zielgerichtet die inneren Zusammenhänge von Objekten und Erscheinungen (z. B. Zusammensetzung, Strukturen und Funktionen). Dazu greift man mit entsprechenden Hilfsmitteln in die Objekte ein. Untersuchen kann man also auch als Beobachten mit Hilfsmitteln bezeichnen.

Beobachten

Beim Beobachten werden mithilfe der Sinnesorgane oder anderer Hilfsmittel (Mikroskop, Lupe, Fernglas) Eigenschaften und Merkmale, räumliche Beziehungen oder zeitliche Abfolgen von biologischen Erscheinungen und Objekten ermittelt. Dabei werden die Objekte oder Prozesse nicht grundlegend verändert.

Begründen von Aussagen

Beim Begründen wird ein Nachweis geführt, dass eine Aussage richtig ist. Dazu müssen Argumente angeführt werden, z. B. Beobachtungen, Gesetze, Eigenschaften von Körpern und Stoffen.

Erklären von Erscheinungen

Beim Erklären wird zusammenhängend und geordnet dargestellt, warum eine Erscheinung in der Natur so und nicht anders auftritt. Dabei wird die Erscheinung auf das Wirken von Gesetzmäßigkeiten zurückgeführt, indem man darstellt, dass die Wirkungsbedingungen bestimmter Gesetzmäßigkeiten in der Erscheinung vorliegen. Diese Wirkungsbedingungen sind wesentliche Seiten der Erscheinung.

Erläutern von Sachverhalten und Begriffen

Beim Erläutern wird versucht, einem anderen Menschen einen naturwissenschaftlichen Sachverhalt (z. B. Vorgänge, Behauptungen, Arbeitsweisen) oder Begriffe verständlicher, anschaulicher darzustellen. Dies erfolgt an einem oder mehreren Beispielen, deren innere Zusammenhänge und Beziehungen ähnlich denen des zu vermittelnden Sachverhalts oder Begriffs sind.

Klassifizieren von Objekten

Beim Klassifizieren werden verschiedene Objekte aufgrund gemeinsamer und unterschiedlicher Merkmale in Gruppen (z. B. Klassen) eingeteilt. Alle Objekte, die bestimmte gemeinsame Merkmale besitzen, werden zu einer Gruppe zusammengefasst. Dazu ist ein Vergleich der Objekte notwendig. Die Gruppen werden benannt. Es entstehen Begriffssysteme.

Übersicht der behandelten Erschließungsfelder

Die Erschließungsfelder sollen dir helfen, die Zusammenhänge in der Biologie zu erkennen und anzuwenden. Durch sie werden biologische Gesetzmäßigkeiten dargestellt, die in allen Bereichen der lebenden Natur Gültigkeit haben.

Ebene
Das Erschließungsfeld Ebene beschreibt die Zusammensetzung aller biologischer Strukturen aus kleineren und einfacheren Strukturen. Dabei sind kleinere Strukturen immer Bestandteil der folgenden Ebene.

Angepasstheit
Die Angepasstheit beschreibt die vielfältigen Körpermerkmale von Organismen, die ihnen das Leben im jeweilgen Lebensraum ermöglichen.

Vielfalt (Variabilität)
Die Vielfalt beschreibt die Übereinstimmung von Hauptmerkmalen und das Abweichen von Einzelmerkmalen bei Lebewesen einer Art.

Information
Die Information beschreibt die Fähigkeit von Lebewesen, Nachrichten untereinander und mit der Umwelt auszutauschen, und erläutert das daraus resultierende Verhalten.

Stoffe und Energie
Alle Lebewesen sind aus Stoffen aufgebaut, die aus kleinsten Teilchen bestehen. Stoffe werden von Lebewesen aufgenommen, umgewandelt und wieder abgegeben. Dieser Stoffwechsel ist immer mit der Aufnahme, Umwandlung und Abgabe von Energie verbunden. Energie ist nicht „fassbar". Sie steckt in Strahlung, Stoffen oder Bewegung.

Struktur und Funktion
Lebewesen weisen eine enge Beziehung zwischen Struktur und Funktion von Körperteilen auf. Die Struktur beschreibt den Bau eines Körperteils oder Organs und die Funktion beschreibt dessen Aufgabe.

Fortpflanzung
Fortpflanzung ist die Erzeugung eigenständiger, artgleicher Nachkommen. Man unterscheidet verschiedene Formen der Fortpflanzung, z. B. geschlechtliche und ungeschlechtliche.

Wechselwirkung
Wechselwirkungen sind Kennzeichen in allen Lebensräumen und drücken sich immer in Ursache-Wirkung-Rückwirkung aus.

Regulation
Die Regulation beschreibt die Fähigkeit von Lebewesen, Zustände konstant zu halten.

Sinne

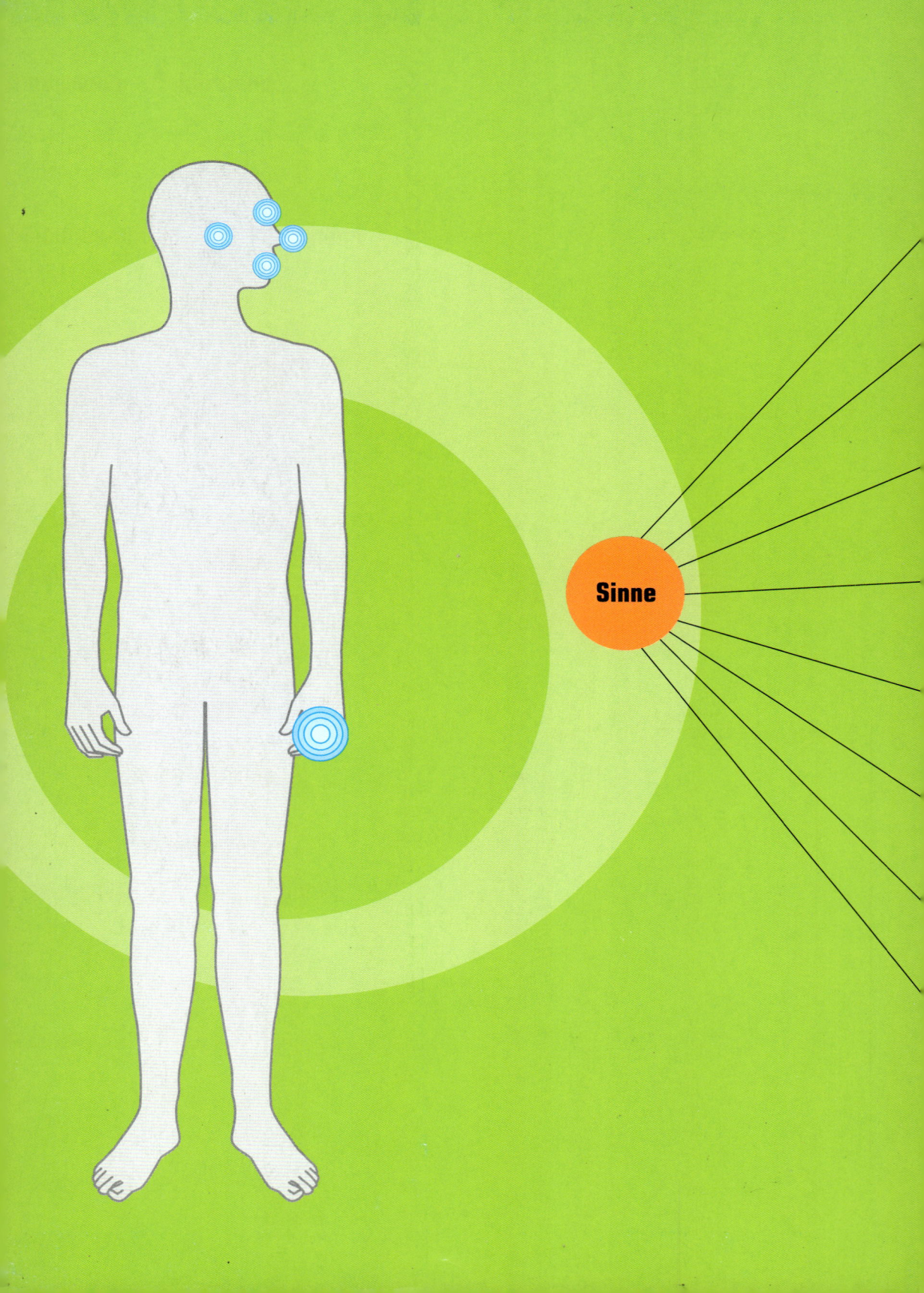